NICO STANITZOK

BACKOFEN

TO GO

REZEPTE FÜR DEN
OMNIA
CAMPINGBACKOFEN

BACKOFEN

TO GO

HINWEIS ZU DEN BACKZEITEN

Die Rezepte in diesem Buch sind für den Omnia-Campingbackofen entwickelt worden. Alle Gerichte wurden auf einem Gaskocher getestet, der eine Leistung von maximal 2700 kW hat. Beachten Sie, dass die Leistung und damit die abgegebene Wärmemenge bei verschiedenen Herden unterschiedlich ist und die Backzeiten daher variieren können.

WAS SAGEN DIE PIKTOGRAMME?

Feiner Genuss, leicht zubereitet

max. sechs Zutaten, außer Salz, Pfeffer, Olivenöl und Gewürze

Zutaten müssen nicht gekühlt werden

Klassische Gerichte, für unterwegs angepasst

GUT KOCHEN UNTERWEGS

Auf Tour mit dem Zelt, Wohnwagen oder Wohnmobil schmeckt eine selbst zubereitete Mahlzeit oft besonders gut – vorausgesetzt, das richtige Kochequipment und die passenden Zutaten sind vorhanden.

DIE PERFEKTE AUSRÜSTUNG FÜR DIE CAMPINGKÜCHE

Die Frage ist ein alljährliches Urlaubsritual: Was muss alles eingepackt werden? Reist man mit Kindern, muss man sich besonders gut organisieren und für alle Eventualitäten gewappnet sein. Vor allem beim Camping betrifft das nicht nur Kleidung, Sonnencreme und Medikamente, sondern auch Lebensmittel und alles, was man zum Kochen »on tour« so braucht. Mit dem Omnia-Backofen wird eine vielfältige Küche unterwegs aber zum Kinderspiel.

Der Omnia-Backofen ist nicht größer als eine herkömmliche Springform, bietet aber ungeahnte Möglichkeiten, die das Herz aller passionierten Köche höherschlagen lassen: Neben Brot und Kuchen lassen sich mit dem Omnia-Backofen, je nach verwendetem Zubehör, auch Aufläufe, Lasagne, Muffins und viele andere Köstlichkeiten mehr zubereiten. Natürlich ist Omnia kein Backofen im herkömmlichen Sinn, sondern eher eine ganz besondere Backform, die wie ein Backofen funktioniert. Wie das geht, erklären wir hier.

Omnia besteht aus drei Teilen, die nur zusammen verwendet werden können: Auf dem schalenförmigen Unterteil aus Edelstahl, das auf der Hitzequelle platziert wird, befindet sich die gugelhupfähnliche Backform mit Deckel. Die von einer Hitzequelle erzeugte heiße Luft folgt zwei Wegen. Da die untere Schale und die Backform beide mit einem Loch in der Mitte ausgestattet sind, steigt die heiße Luft nach oben. Ein Teil der heißen Luft weicht seitlich aus, verbleibt in der unteren Schale unterhalb der Backform und erzeugt somit Unterhitze. Die restliche Hitze steigt nach oben und wird vom Deckel als Oberhitze wieder nach unten geleitet. Dieses Prinzip der Ober- und Unterhitze kennen wir von einem herkömmlichen Backofen oder einem Grill mit Deckel. Um zu vermeiden, dass sich zu viel Hitze in der Form staut, hat der Deckel Ventilationsöffnungen.

Da der Omnia-Backofen auf nahezu allen Hitzequellen (Elektroplatte, Cerankochfeld, Grill, Gaskocher, Trangiakocher etc.) außer auf einem Induktionsherd funktioniert, ist er das ideale Kochzubehör für unterwegs. Allerdings variiert die Wärmeabgabe unterschiedlicher Hitzequellen stark. Es empfiehlt sich daher, beim ersten Versuch mit dem Omnia ein einfaches Rezept auszuwählen wie etwa einen Rührkuchenteig (S. 144). So finden Sie schnell heraus, wie Sie die Temperaturangaben in den Rezepten je nach verwendeter Hitzequelle anpassen müssen.

Wie wird der Omnia-Backofen verwendet?

Wie eine herkömmliche Backform fettet man die Omnia-Form vor Verwendung ein und streut sie mit Semmelbrösel, Paniermehl, Grieß, gemahlenen Nüssen etc. aus. Beides entfällt jedoch, wenn man die spezielle Silikonform als Backform-Einsatz benutzt, die als Zubehör zum Omnia-Backofen erhältlich ist. Der Vorteil dieser Form besteht darin, dass sie sich leichter reinigen lässt. Das fällt vor allem bei Aufläufen und anderen Speisen, die gern mal in der Form ankleben, ins Gewicht – und dieser Aspekt ist gerade beim Campen wichtig, wo man das Reinigen von angebackenem Geschirr ja eher vermeiden möchte.

Anschließend wird die Form mit dem Teig oder dem Gericht befüllt. Dabei gilt zu beachten, dass die Form bei Brot, Kuchen oder anderen Gerichten, die aufgehen sollen, nur zur Hälfte voll gemacht werden darf. Bei Speisen, die nicht an Volumen zunehmen, kann die Form bis 2,5 cm unter den oberen Rand befüllt werden. Es ist wichtig, diese Vorgabe strikt einzuhalten, denn in einer zu vollen Form brennt der untere Teil der Speise an, bis der obere Teil gar ist.

Zum Schluss wird die Form in die untere Schale gesetzt, die übrigens nicht mit Wasser gefüllt werden darf (!), und der Deckel aufgelegt. Jetzt ist der Omnia-Ofen startbereit und kann auf die Hitzequelle gestellt werden.

Bei Gerichten mit kurzen Zubereitungszeiten, bei Verwendung einer Elektroplatte und bei einigen Broten bzw. Kuchen muss die untere Schale vorher erhitzt werden. Weitere Angaben dazu und zu der Frage, welche Temperatur man für das eine oder andere Gericht benötigt und wie man die richtige Temperatur bei verschiedenen Hitzequellen einstellt, finden Sie in der Omnia-Gebrauchsanleitung.

Bei der Silikonform sollte beachtet werden, dass sie bei regelmäßiger Verwendung bei sehr hohen Temperaturen schadhaft werden kann.

Beim Befüllen der Form muss man die Füllhöhe beachten.

Das kann daran liegen, dass das Unterteil nicht verwendet wurde (es sollte aber immer verwendet werden) oder die Temperatur der Hitzequelle zu hoch war. Vor allem bei einem Gaskocher sollte man mit der Temperatur vorsichtig sein.

Die Reinigung

Nach Verwendung lässt sich die Omnia-Form leicht, aber nur von Hand reinigen. Meist genügt es schon, die Form mit kaltem Wasser zu befüllen, eine Weile stehen zu lassen und anschließend wie gewohnt mit etwas Spülmittel abzuwaschen. Das kalte Wasser löst die in den Speisen enthaltene Stärke auf. Achtung: Da die Omnia-Form aus Aluminium besteht, darf sie nicht in die Spülmaschine (die wohl auch die wenigsten beim Campen dabeihaben werden).

Sollte dies doch mal passieren, kann man die Form zwar bedenkenlos weiterverwenden, aber sie sieht nicht mehr so schön aus, und die Oberfläche ist etwas rauer.

Auch die Silikonform lässt sich leicht per Hand reinigen – und zwar mit heißem Wasser und etwas Spülmittel. Sollte die Form im Lauf der Zeit einmal den Geschmack der zubereiteten Speise angenommen haben, empfiehlt es sich, sie mit Zitronenwasser abzuspülen.

Die richtige Vorbereitung

Wer sich für einen Campingurlaub mit Zelt, einfachem Wohnwagen oder Camper entscheidet, verzichtet mehr oder weniger auf Komfort und Luxus (aber niemals auf seinen Omnia!). Und wie auch immer man unterwegs ist, für die meisten Menschen bedeutet ein Campingurlaub auch heute noch Abenteuer, ein Gefühl von Freiheit und Naturverbundenheit fernab des hektischen Alltags. Wer sich für einen Campingurlaub entscheidet, lässt für eine bestimmte Zeit die Bequemlichkeiten des eigenen Zuhauses und all das, was das tägliche Leben vereinfacht, hinter sich. Die Beschränkung auf das Wesentliche fängt da schon beim Packen an: Was nehme ich mit, was ist mir wichtig? Denn der Stauraum ist begrenzt, in einem Zelt noch mehr als in einem Wohnwagen oder Wohnmobil. Führt der Weg in ein warmes Land, dann kann man durchaus manche Kleidungsstücke und Utensilien zu Hause lassen. Sind aber Kinder und/oder ein Hund mit dabei, wird es schon deutlich schwieriger, sich mit dem Gepäck einzuschränken.

Fast noch wichtiger als die Überlegungen, was unbedingt eingepackt werden muss, ist die Frage, wie man sich in der Zeit des Campingurlaubs versorgen will. Wer es sich einfach machen will und lediglich sein Frühstück selbst zubereitet, kann diverse Küchenutensilien und Zutaten ruhigen Gewissens zu Hause lassen. Ganz anders aber, wenn die Selbstversorgung im Vordergrund steht oder man auf sämtliche Eventualitäten vorbereitet sein will. Dann muss man wissen, welche Koch-, Kühl- und Aufbewahrungsmöglichkeiten die Outdoor-Ausstattung überhaupt hergibt.

Auch in einem Campingurlaub will man möglichst wenig dem Zufall überlassen, aber wenn es dann so weit ist, kommen nur die wenigsten ganz ohne Improvisation aus. Irgendwie gehört Improvisieren auch zu dieser Art des Urlaubs dazu. Selten hat man an alles gedacht, und bei Reisen ins Ausland kann es schnell passieren, dass die eine oder andere Zutat zum Kochen vor Ort nicht erhältlich ist. Mit ein wenig Kreativität lassen sich viele kleine Problemchen allerdings leicht lösen.

Da kommt der Omnia-Backofen wie gerufen. Selbst beim Campen muss man heute als Selbstversorger in den schönsten Wochen des Jahres nicht auf Lieblingsgerichte verzichten, die sich sonst nur mit einem Backofen zubereiten lassen. Omnia ist also die Lösung für alle, die ihren heimischen Backofen am liebsten mitnehmen würden, um dem Urlaub eine besondere kulinarische Note zu verleihen.

Köstliche Mahlzeiten: mit dem Omnia schnell und unkompliziert zubereitet.

Die wichtigsten Küchenhelfer für unterwegs

Mit dem Omnia-Backofen hat man ein Utensil im Gepäck, das sehr viel kann, aber ganz ohne weitere praktische Küchenhelfer kommt man dennoch beim Campen nicht aus. Was man für die Campingküche unbedingt mitnehmen sollte und welche Utensilien nur dann mit auf Reisen gehen, wenn das Platzangebot es zulässt, sind Fragen, die jeder individuell vor dem Urlaub für sich beantworten muss. Gleiches gilt im Prinzip auch für die Entscheidung, welche Lebensmittelvorräte man gern immer mit dabeihat und welche man vor Ort einkauft – auf die Gefahr hin, sie nicht zu bekommen. No risk, no fun.

Kochen im Camper macht erst richtig Spaß, wenn man mit gutem Equipment arbeitet.

Bei der Entscheidung, was man an Kochgerät und Küchenausstattung unbedingt mit auf die Reise nehmen sollte, helfen folgende Fragen weiter:

- **Welche Kochmöglichkeiten habe ich?**
  Der Camper oder Wohnwagen ist vielleicht mit einer Kochplatte mit zwei oder drei Platten oder Flammen ausgerüstet, auf denen man ohne Weiteres auch mal etwas aufwendigere Gerichte zubereiten kann. Ganz anders aber ist die Situation, wenn man mit einem Zelt und sparsamem Gepäck unterwegs ist. Hier hat man meist zum Kochen nur eine Basisausrüstung zur Verfügung wie einen kleinen Gas- oder Trangiakocher oder einen kleinen Grill.
- **Wie oft und was will ich kochen?**
  Wer sich morgens ein Frühstück oder mittags nur einen Salat oder ein Sandwich zubereiten will, da er für die Hauptmahlzeit abends auswärts essen geht, hat andere Ansprüche an die Kochmöglichkeiten und die Ausstattung als jemand, der alle Mahlzeiten selbst zubereiten möchte.
- **Welche Utensilien sind zum Kochen unverzichtbar und welche nicht?**
  Ein umfangreiches Messerset für ambitionierte Köche mag am heimischen Herd oder Grill äußerst praktisch sein, aber im Urlaub genügt es in der Regel, zwei Küchenmesser dabeizuhaben: eines für Brot, Obst und Gemüse und eines für Fisch und Fleisch. Ebenso verhält es sich mit anderen Dingen. Wichtig ist also, sich vor der Reise genau zu überlegen, welche Hilfsmittel tatsächlich für die Zubereitung von Mahlzeiten essenziell und sinnvoll sind und was man getrost ohne größere Einschränkungen zu Hause lassen kann.

Möchte man die täglichen Mahlzeiten selbst zubereiten, ist es hilfreich, sich im Vorfeld einen groben Speiseplan zu überlegen. Schon bei der Zusammenstellung der einzelnen Gerichte kann man gezielt die nötigen Kochutensilien und Lebensmittelvorräte planen.

Wer für die täglichen Mahlzeiten in erster Linie Rezepte aus diesem Omnia-Kochbuch wählt, benötigt neben dem Omnia-Backofen, der Omnia-Muffinform und dem Omnia-Aufbackgitter noch ein paar weitere Kochutensilien:

- 1 großer, 1 mittelgroßer und 1 kleiner Topf mit Deckel
- 1 große und 1 kleine Pfanne
- 1 große (Rühr-)Schüssel
- 1 kleine Schüssel
- 1 großes und 1 kleines Sieb
- 2 kleine Schalen
- 1 Schneidebrett
- 1 großes und 1 kleines Küchenmesser
- 1 Holzkochlöffel
- Streichhölzer und Feuerzeug
- Küchenschere
- Geschirrhandtücher
- Schneebesen
- Vierkant-Küchenreibe
- Messbecher
- Holzstäbchen oder -spieße (10 cm)
- Backpapier

Für alle, die gern grillen, sind beim Campen folgende Utensilien unentbehrlich:

- Gasgrill (es gibt kompakte Gasgrills für unterwegs) oder Holzkohlegrill (erfordert gegenüber dem Gasgrill deutlich mehr Vorbereitungszeit)
- 1 Grillzange
- Grillkohle (je nach Grill)

Ob Omnia-Backofen oder Grill: Auf Besteck, Teller und Trinkgefäße will auch unterwegs niemand verzichten:

- große flache und/oder tiefe Teller
- Tassen, Becher, Gläser
- Gabeln, Messer, Esslöffel und Teelöffel

Wer sich das Kochen noch weiter vereinfachen will, könnte auch diese Utensilien mitnehmen:

• Brotmesser • Dosenöffner • Sparschäler
• Pfannenwender • Salatbesteck • Schöpfkelle
• Schraubgläser (à 300–350 ml) • Silikonform

Frische Zutaten wie Obst und Gemüse kauft man am besten direkt vor Ort.

Äußerst praktisch sind außerdem folgende Küchenhelfer:

• Alu- und Frischhaltefolie • mehrere Gummibänder oder Klippverschlüsse zum Verschließen von geöffneten Tüten oder Lebensmittelpackungen • Küchengarn • Küchenpapier • Lebensmittelbehälter und/oder Gefrierbeutel zum Aufbewahren von Lebensmitteln und Speiseresten • Mülltüten • Spülmittel, Spülbürste, Spüllappen und Topfkratzer • Topflappen • Zahnstocher

Wer mit dem Zelt oder einem einfachen Van unterwegs ist, sollte zum Abspülen unbedingt auch eine Wanne oder eine große Schüssel aus Kunststoff mitnehmen.

Welche Zutaten gehören zur Grundausstattung?

Mit den zahlreichen und abwechslungsreichen Rezepten in diesem Buch kommen Sie leicht und locker durch einen ausgedehnten Urlaub. Erst recht, wenn Sie ein paar Lieblingsrezepte im Buch gefunden haben, die Sie am liebsten jeden Tag zubereiten möchten.

Natürlich lassen sich nicht alle Zutaten, die in diesem Omnia-Kochbuch benötigt werden, im Reisegepäck verstauen. Manches muss vor Ort eingekauft werden, was in den meisten Fällen auch problemlos möglich ist. Um gut vorbereitet zu sein, empfiehlt es sich, das Buch vor der Reise anzuschauen und die Rezepte auszuwählen, die man wirklich zubereiten will, sodass man bereits im Vorfeld einige passende Zutaten einkaufen kann.

Der perfekte Lebensmittelvorrat:

- Essig und Öl (Apfelessig, Olivenöl, Sonnenblumenöl)
- Würzmittel (z. B. Gemüsebrühe, Chilisauce, Currypulver, Sojasauce, Kräutersalz, Limetten- oder Zitronensaft, rote Thai-Currypaste, Senf, Ketchup, Mayonnaise)
- getrocknete Kräuter (Basilikum, Majoran, Oregano, Petersilie, Rosmarin, Salbei, Thymian)
- Gewürze (Chiliflocken, Paprikapulver, gemahlener Koriandersamen, Kreuzkümmel, Lorbeerblätter, Meersalz, Mohn, Muskatnuss, Pfeffer, Schwarzkümmel, Zimt und/oder Zimtstange)
- Trockene Brot- und Backzutaten (z. B. Mehl, Backpulver, Zucker, Trockenhefe, getrockneter Sauerteig, Honig, Salz, gemahlene Mandeln, Kakao, Kokosraspel, Puderzucker, Vanilleextrakt und/oder -zucker, Zartbitterschokolade)
- Grillgewürzmischung und Grillsauce (Fertigprodukt)
- Frühstücks- bzw. Müslizutaten (z. B. Haferflocken, Kürbiskerne, Rosinen)

- Nudeln und Reis
- Trockene Kochzutaten (z. B. Maisgrieß, Paniermehl)
- Trocken- und Dosenzutaten, die vor allem für die ersten Tage sehr nützlich sind (z. B. Erdnussbutter, geräucherter Tofu, geriebener Käse, Gewürzgurken, Kapern, Kokosmilch, Mais, Thunfisch, stückige Tomaten und Tomatenmark).

Für alles Weitere gilt: je nach Bedarf frisch vor Ort einkaufen. Und wenn etwas mal nicht verfügbar ist, dann ist Mut und Kreativität gefragt, zu experimentieren, Rezepte etwas abzuwandeln und mal was Neues auszuprobieren. Je vertrauter man mit dem Umgang mit Omnia ist, desto leichter fällt es auch.

Abwiegen ohne Küchenwaage

Im Campingurlaub auf eine Küchenwaage zu verzichten ist nicht jedermanns Sache. Doch ist es leichter, als viele meinen, die Zutaten eines Rezepts ohne Küchenwaage abzuwiegen und abzumessen. Es gibt dafür einfache Tricks:

Das Abwiegen und Abmessen von Zutaten geht auch ohne Küchenwaage.

So kann man etwa frische Zutaten wie Obst oder Gemüse bereits im Supermarkt abwiegen. Und bei verpackten Produkten wie Nudeln, Reis etc. nutzt man einfach die Gewichtsangaben auf der Verpackung und rechnet sie entsprechend um. Wenn das Ergebnis ein paar Gramm von der im Rezept genannten Menge abweicht, ist das in der Regel kein Problem.

Für einige Basiszutaten gibt es außerdem eine praktische Umrechnungstabelle:

1 EL Butter oder Margarine = ca. 10 g
1 gehäufter EL Haferflocken = ca. 10 g
1 gehäufter EL Mehl = ca. 10 g
1 gehäufter EL Zucker = ca. 10 g
1 EL Honig = ca. 25 g

Und: 1 Teelöffel entspricht in etwa ½ Esslöffel.

Eine weitere schlaue Methode haben sich die Amerikaner ausgedacht. Sie arbeiten in der Küche mit „Measuring Cups" oder vorgefertigten Bechern in meistens vier bis fünf unterschiedlichen Größen, mit denen sich nicht nur flüssige, sondern auch feste Lebensmittel abwiegen und abmessen lassen. Im Urlaub genügt ein leerer, ausgespülter 150-g-Joghurtbecher als Maßeinheit. In einen Joghurtbecher passen in etwa:

150 g Zucker
100 g Mehl
100 g feine Haferflocken
80 g grobe Haferflocken
150 g Reis
125 g Semmelbrösel
125 g Grieß
125 g Quinoa

Wir wünschen viel Koch- und Backfreude mit dem Omnia-Backofen.

Guten Appetit!

DEFTIGES MIT FLEISCH

Schnell und easy lassen sich im Omnia-Backofen Fleischgerichte wie Camping-Gulasch, Pizza Chicago Style, Lasagne, Backkartoffeln mit Fleischbällchen oder Reistopf mit Beef zubereiten.

ÜBERBACKENE NACHOPFANNE

FEIN & EASY

Für 4 Personen
Zubereitung: 20 Min.
Backen: 10 Min.
Pro Person 694 kcal,
23 g E, 46 g F, 51 g KH

ZUBEHÖR
großes Küchenmesser
Schneidebrett
kleine Schüssel
kleines Sieb
Holzkochlöffel

DIP
½ Bund Koriandergrün
1 Avocado
200 g Schmand
1 EL Limettensaft
Salz, Pfeffer

NACHOPFANNE
1 Dose Mais (250 g Abtropfgewicht)
1 EL Olivenöl
200 g gemischtes Hackfleisch
1 EL Tomatenmark
2 TL getrockneter Oregano
Salz, Pfeffer
200 g Tortilla-Chips
2 EL Jalapeño-Ringe (aus dem Glas)
100 g geriebener Käse (z. B. Cheddar)

1. Für den Dip das Koriandergrün abbrausen, trocken schütteln und fein hacken. Avocado halbieren, Kern entfernen und das Fruchtfleisch mit einem Löffel aus der Schale lösen. Das Fruchtfleisch in einer Schüssel mit der Gabel fein zerdrücken. Schmand, Koriander, Limettensaft, 1 TL Salz und 2 Prisen Pfeffer dazugeben und den Dip glatt rühren.

2. Für die Nachopfanne den Mais abgießen und abtropfen lassen. Das Olivenöl in die Omnia-Form geben und bei großer Flamme erhitzen. Das Hackfleisch in die Form geben und unter Rühren in 5–6 Min. krümelig braten. Tomatenmark und Oregano dazugeben und alles weitere 2–3 Min. braten. Mit 1 TL Salz und 2 Prisen Pfeffer würzen.

3. Die Tortilla-Chips auf dem Hackfleisch verteilen und damit vermischen. Den Mais darüber verteilen. Dann die Jalapeño-Ringe und den geriebenen Käse darüberstreuen. Den Deckel aufsetzen und alles in 10 Min. bei mittlerer Flamme überbacken. Die Nachopfanne sofort mit dem Avocado-Dip servieren.

TORTILLA-WRAPS MIT PARMASCHINKEN

FEIN & EASY

Für 4 Personen
Zubereitung: 20 Min.
Backen: 10 Min.
Pro Person 441 kcal,
18 g E, 27 g F, 32 g KH

ZUBEHÖR
großes Küchenmesser
Schneidebrett
große Schüssel
Holzkochlöffel
Silikonform (optional)

½ Bund Koriandergrün
125 g kleine Kirschtomaten
1 Avocado
200 g Frischkäse
½ TL Kreuzkümmel
Salz, Pfeffer
4 Weizen-Tortillas
100 g Parmaschinken (in dünnen Scheiben, siehe Tipp)
2 EL Olivenöl
100 g geriebener Käse (z. B. Cheddar)

1. Das Koriandergrün abbrausen, trocken schütteln und fein hacken. Die Tomaten waschen und halbieren. Avocado halbieren, Kern entfernen und das Fruchtfleisch mit einem Löffel aus der Schale lösen. Das Fruchtfleisch in 1 cm große Würfel schneiden. Frischkäse, Koriander, Kreuzkümmel, 1 TL Salz und 2 Prisen Pfeffer in einer Schüssel glatt rühren. Tomaten und Avocado dazugeben und unterheben.

2. Die Tortillas flach auf der Arbeitsfläche ausbreiten. Mit der Frischkäsemasse bestreichen und mit Schinken belegen. Die Seiten der Tortillas von rechts und links ein Viertel zur Mitte hin einklappen und sie von unten straff zu Wraps aufrollen.

3. Die Silikonform in die Omnia-Form einlegen oder mit Backpapier auskleiden. Das Öl in die Form geben und mit den Fingern darin verteilen. Die Wraps mit der Naht nach unten in die Form legen. Den geriebenen Käse darüberstreuen. Den Deckel aufsetzen und alles 10 Min. bei mittlerer Flamme überbacken.

Tipp: *Verwenden Sie je nach Land, in dem Sie campen, regionale Schinkenspezialitäten, das sorgt für Abwechslung.*

TORTELLINI AL FORNO

Für 2 Personen
Zubereitung: 20 Min.
Einweichen: 45 Min.
Garen: 20 Min.
Pro Person 850 kcal,
36 g E, 46 g F, 75 g KH

ZUBEHÖR
2 große Schüsseln
großes Sieb
Silikonform (optional)

200 g getrocknete Tortellini (mit Fleischfüllung)
100 g Blattspinat
½ Bund Basilikum
200 g Sahne
400 ml Gemüsebrühe
150 g geriebener Käse (z. B. Mozzarella)
1 EL Mehl
½ TL geriebene Muskatnuss
Salz, Pfeffer

1. Die Tortellini 45 Min. in kaltem Wasser einweichen. Den Spinat putzen, waschen und abtropfen lassen. Basilikum abbrausen, trocken schütteln und die Blätter abzupfen. Spinat, Basilikum, Sahne, Brühe, Käse, Mehl, Muskatnuss, 1 TL Salz und 2 Prisen Pfeffer in einer Schüssel verrühren. Tortellini abgießen und mit der Sauce verrühren.

2. Alles in die Omnia-Form geben und gleichmäßig darin verteilen. Den Deckel aufsetzen und 5 Min. bei großer Flamme, dann 15 Min. bei mittlerer Flamme garen. Nach 10 Min. einmal durchrühren. Am Ende der Garzeit den Kocher ausschalten und die Tortellini noch 5 Min. ziehen lassen.

***Tipp:** Statt getrockneter Tortellini können Sie auch frische Teigwaren verwenden. Dann fällt die Einweichzeit weg und die Garzeit bei mittlerer Flamme verkürzt sich auf 10 Min.*

LASAGNE

KLASSIKER ON TOUR · FEIN & EASY

Für 4 Personen
Zubereitung: 30 Min.
Backen: 35 Min.
Ruhen: 10 Min.
Pro Person 638 kcal, 41 g E, 34 g F, 44 g KH

ZUBEHÖR
kleines Küchenmesser
großes Küchenmesser
Schneidebrett
mittelgroßer Topf
Holzkochlöffel
kleiner Topf

HACKFLEISCHSAUCE
1 Zwiebel
2 Knoblauchzehen
½ Bund Basilikum
1 EL Olivenöl
500 g Rinderhackfleisch
400 g gehackte Tomaten (Dose)
150 ml Gemüsebrühe
1 EL Tomatenmark
Salz, Pfeffer

BÉCHAMELSAUCE
1 EL Butter
2 EL Mehl
300 ml Milch
Salz, Pfeffer
½ TL geriebene Muskatnuss

AUSSERDEM
9 Lasagneplatten
150 g geriebener Käse (z. B. Mozzarella)

1. Für die Hackfleischsauce Zwiebel und Knoblauch schälen und fein hacken. Basilikum abbrausen, trocken schütteln und die Blätter abzupfen. Das Öl in einen Topf geben und bei großer Flamme erhitzen. Die Zwiebel, Knoblauch und Hackfleisch dazugeben und unter Rühren in 10 Min. krümelig braten. Tomaten, Brühe, Tomatenmark, Basilikum, 1 TL Salz und 2 Prisen Pfeffer dazugeben und verrühren. Die Sauce 15 Min. bei mittlerer Hitze kochen lassen.

2. Für die Béchamelsauce die Butter in einem Topf bei mittlerer Flamme schmelzen. Das Mehl mit einem Schneebesen einrühren, dann die Milch zügig einrühren. Die Sauce aufkochen lassen und 1 Min. unter ständigem Rühren kochen lassen. Kocher ausschalten und die Béchamel mit ½ TL Salz, 2 Prisen Pfeffer und Muskatnuss würzen.

3. Für die Lasagne 3 Lasagneplatten jeweils in 3 gleich große Stücke brechen, restliche Platten halbieren. Ein Viertel Hackfleischsauce am Boden der Omnia-Form verteilen, darauf ein Viertel der Béchamelsauce. Die gedrittelten Lasagneplatten darauf verteilen. Auf die gleiche Weise zwei weitere Lagen mit den halbierten Lasagneplatten in die Form schichten. Den Abschluss bildet eine Schicht aus restlicher Hackfleischsauce und Béchamel. Mit geriebenem Käse bestreuen, den Deckel aufsetzen und 35 Min. bei mittlerer Flamme backen. Am Ende der Backzeit den Kocher ausschalten und die Lasagne noch 10 Min. in der Omnia-Form abkühlen lassen.

Tipp: *Die Hackfleischsauce kann man zu Hause vorkochen. Dafür die fertige Sauce kochend heiß in sterilisierte Schraubgläser abfüllen und verschließen. Anschließend die Gläser für 20 Min. in kochendes Wasser stellen. Der Deckel muss dabei unter Wasser sein. Die Gläser danach herausnehmen und abkühlen lassen. Die so eingekochte und nun luftdicht verschlossene Sauce ist für mehrere Monate ohne Kühlung haltbar.*

PIZZA CHICAGO STYLE

Für 4 Personen
Zubereitung: 30 Min.
Backen: 45 Min.
Pro Person 712 kcal,
23 g E, 45 g F, 56 g KH

ZUBEHÖR

große Schüssel
kleines Küchenmesser
großes Küchenmesser
Schneidebrett
mittelgroßer Topf
Holzkochlöffel
Silikonform (optional)

TEIG

25 g Maisgrieß
2 TL Zucker
5 g Trockenhefe
220 g Weizenmehl (Type 550)
50 g Butter
1 TL Salz

SAUCE

1 kleine Zwiebel
1 Knoblauchzehe
2 EL Butter
Salz
1 EL Tomatenmark
400 g gehackte Tomaten (Dose)
1 EL Zucker
1 TL getrocknetes Basilikum
1 TL getrockneter Oregano

AUSSERDEM

3 EL Olivenöl
250 g geriebener Mozzarella
10 Scheiben Salami

1. Für den Teig 120 ml Wasser, Maisgrieß, Zucker und Hefe in eine Schüssel geben und mit der Hand verrühren, bis sich die Hefe aufgelöst hat. Mehl dazugeben und verrühren, bis sich alle Zutaten verbunden haben. Den Teig auf die Arbeitsfläche geben und 5 Min. kneten. Butter und Salz dazugeben und weitere 5 Min. kneten. Den Teig in die Schüssel geben, abdecken und 2 Std. gehen lassen.

2. Inzwischen für die Sauce Zwiebel und Knoblauch schälen und fein hacken. Die Butter in einem Topf erhitzen. Zwiebel, Knoblauch und 1 TL Salz dazugeben und bei mittlerer Hitze unter Rühren glasig anschwitzen. Das Tomatenmark einrühren und 1 Min. mit anschwitzen. Tomaten, Zucker und Kräuter dazugeben und bei schwacher Hitze 10 Min. kochen. Dabei häufig umrühren, die Sauce anschließend abkühlen lassen.

3. Das Öl in die Omnia-Form geben und mit den Fingern darin verteilen. Die Menge an Öl ist entscheidend, damit der Teig beim Backen nahezu frittiert wird. Für die Pizza den Teig zu einer 40 cm langen Rolle formen. Dann den Teig zu einem 15 cm breiten Streifen ausrollen und in die Form legen. Dafür den Teig über den Rand hängen, damit er nicht in die Form rutscht. Die Enden übereinanderlegen. Den Käse gleichmäßig auf dem Teig verteilen, darauf die Salami, dann die Sauce darauf verstreichen. Den überhängenden Teig nach innen zu einem Wulst formen, den Deckel aufsetzen und die Pizza 45 Min. bei mittlerer Flamme backen.

***Tipp:** Die Tomatensauce für die Pizza kann man zu Hause vorkochen. Dafür die fertige Sauce kochend heiß in sterilisierte Schraubgläser abfüllen und verschließen. Anschließend die Gläser für 20 Min. in kochendes Wasser stellen. Der Deckel muss dabei unter Wasser sein. Die Gläser danach herausnehmen und abkühlen lassen. Die so eingekochte und luftdicht verschlossene Sauce ist für mehrere Monate ohne Kühlung haltbar.*

CALZONE OMNIA STYLE

FEIN & EASY

Für 4 Personen
Zubereitung: 30 Min.
Backen: 35 Min.
Pro Person 703 kcal,
35 g E, 23 g F, 92 g KH

ZUBEHÖR
große Schüssel
kleines Küchenmesser
großes Küchenmesser
Schneidebrett
kleiner Topf
Holzkochlöffel
kleines Sieb

TEIG
Salz
420 g Weizenmehl (Type 550)
21 g frische Hefe oder 7 g Trockenhefe

SAUCE
1 Zwiebel
1 Knoblauchzehe
2 EL Butter
Salz
1 EL Tomatenmark
400 g gehackte Tomaten (Dose)
1 EL Zucker
½ TL getrocknetes Basilikum
½ TL getrockneter Oregano

AUSSERDEM
1 EL Olivenöl
1 Dose Champignons in Scheiben (Abtropfgewicht 170 g)
5 Scheiben Kochschinken
250 g geriebener Mozzarella

1. Für den Teig 250 ml warmes Wasser, 1 TL Salz und 4 EL Mehl in eine Schüssel geben und verrühren, bis sich das Salz aufgelöst hat. Hefe dazugeben und verrühren, bis sie sich aufgelöst hat. Restliches Mehl dazugeben und verkneten, bis sich alle Zutaten verbunden haben. Auf die Arbeitsfläche geben und in 10 Min. zu einem geschmeidigen Teig verkneten. Den Teig in die Schüssel geben, abdecken und 2 Std. gehen lassen.

2. Inzwischen für die Sauce Zwiebel und Knoblauch schälen und fein hacken. Die Butter in einem Topf erhitzen. Zwiebel, Knoblauch und 1 TL Salz dazugeben und bei mittlerer Hitze unter Rühren glasig anschwitzen. Das Tomatenmark einrühren und 1 Min. mit anschwitzen. Tomaten, Zucker und Kräuter dazugeben und bei schwacher Hitze 20 Min. kochen. Dabei häufig umrühren, die Sauce anschließend abkühlen lassen.

3. Für die Calzone den Teig zu einer 40 cm langen Rolle formen und 10 Min. ruhen lassen. Das Öl in die Omnia-Form geben und mit den Fingern darin verteilen. Die Champignons durch ein Sieb abgießen und abtropfen lassen. Den Schinken in ca. 3 cm große Stücke zupfen. Den Teig zu einem 28 cm breiten Streifen ausrollen. Die Sauce in einem 10 cm breiten Streifen mittig auf dem Teig verstreichen. Den Käse gleichmäßig auf der Sauce verteilen, darauf die Pilze und den Schinken. Den Teig darüberklappen und zusammenzwicken. Die Teigrolle – am besten zu zweit – in die Omnia-Form legen, den Deckel aufsetzen und 40–50 Min. bei mittlerer Flamme backen.

Tipp: *Wenn Sie vorgekochte Tomatensauce aus dem Vorrat verwenden (s. Tipp, S. 24), verkürzt sich die Zubereitungszeit um 20 Min.*

HOT DOGS

Für 4 Personen
Zubereitung: 15 Min.
Backen: 15 Min.
Pro Person 451 kcal, 16 g E, 25 g F, 41 g KH

ZUBEHÖR
Aufbackgitter
großes Küchenmesser
Schneidebrett

4 längliche Brötchen (Hot-Dog- oder Baguette-Brötchen, ca. 10 cm lang)
4 Würstchen (z. B. Wiener Würstchen, Frankfurter oder Bockwürstchen)
2 Gewürzgurken
4 EL Remouladensauce
4 EL Tomatenketchup
4 EL Röstzwiebeln

1. Das Aufbackgitter in die Omnia-Form legen. Die Brötchen längs, zu zwei Drittel, einschneiden. In jedes Brötchen ein Würstchen legen und so auf das Gitter legen, dass die Öffnung nach oben zeigt. Den Deckel aufsetzen und die Brötchen 15 Min. bei kleiner Flamme backen. Inzwischen die Gewürzgurken in dünne Scheiben schneiden.

2. Die Brötchen mit den Würstchen aus dem Omnia nehmen. Die Gurkenscheiben links und rechts neben die Würstchen stecken. Je 1 EL Remoulade und Ketchup auf den Würstchen verteilen. Die Hot Dogs mit je 1 EL Röstzwiebeln bestreuen, leicht zusammenklappen und servieren.

BACKKARTOFFELN MIT FLEISCHBÄLLCHEN UND SPIEGELEI

MAX. 6 ZUTATEN

Für 4 Personen
Zubereitung: 30 Min.
Garen: 45 Min.
Pro Person 662 kcal,
37 g E, 42 g F, 36 g KH

ZUBEHÖR
Sparschäler (optional)
kleines Küchenmesser
große Schüssel
großes Küchenmesser
Schneidebrett
beschichtete Pfanne

1 kg mittelgroße Kartoffeln
5 EL Olivenöl
Salz
1 TL edelsüßes Paprikapulver
1 Zwiebel
500 g gemischtes Hackfleisch
1 TL Senf
5 Eier (M)
Pfeffer

1. Kartoffeln schälen, waschen und achteln. Die Kartoffeln in einer Schüssel mit 4 EL Öl, 1 TL Salz und Paprika mischen. Die Kartoffeln gleichmäßig in der Omnia-Form verteilen. Den Deckel aufsetzen und die Kartoffeln 5 Min. bei großer Flamme, dann 20 Min. bei mittlerer Flamme backen.

2. Inzwischen für die Fleischbällchen die Zwiebel schälen und fein hacken. Zwiebel, Hackfleisch, Senf, 1 Ei, 1 TL Salz und ½ TL Pfeffer in einer Schüssel verkneten. Aus der Masse 20 Bällchen formen und auf die Kartoffeln geben. Deckel aufsetzen und alles bei mittlerer Flamme 20 Min. garen.

3. Für die Spiegeleier restliches Öl in einer Pfanne erhitzen. Die Eier in die Pfanne aufschlagen und bei mittlerer Flamme 5 Min. oder bis zum gewünschten Bräunungsgrad braten. Nur das Weiße vom Ei mit etwas Salz würzen. Kartoffeln und Fleischbällchen auf Tellern anrichten, je ein Spiegelei daraufsetzen und servieren.

GEMÜSEPFANNE MIT MAULTASCHEN

FEIN & EASY

Für 4 Personen
Zubereitung: 25 Min.
Garen: 40 Min.
Pro Person 267 kcal, 12 g E, 9 g F, 37 g KH

ZUBEHÖR
Sparschäler (optional)
kleines Küchenmesser
großes Küchenmesser
Schneidebrett
Silikonform (optional)

2 Kartoffeln
2 rote Zwiebeln
2 Möhren
2 rote Paprika
1 Lauchstange
6 Maultaschen (à 60 g)
2 EL Olivenöl
1 TL Zucker
Salz, Pfeffer
½ TL geriebene Muskatnuss
geriebener Käse (z. B. Parmesan)

1. Kartoffeln schälen, waschen und vierteln. Jedes Kartoffelviertel längs in 4 dünne Spalten schneiden. Zwiebeln schälen, Wurzelansatz herausschneiden, Zwiebeln in dünne Spalten schneiden. Möhren schälen, waschen, längs vierteln und schräg in ½ cm breite Stifte schneiden. Die Paprika halbieren, Kerne und helle Trennhäutchen entfernen. Paprikahälften waschen und in 1 cm breite Streifen schneiden. Lauch putzen, waschen und längs in ½ cm breite Stifte schneiden. Die Maultaschen in ½ cm breite Streifen schneiden.

2. Gemüse und Maultaschen mit Öl, Zucker, 1 TL Salz, 2 Prisen Pfeffer und Muskatnuss in eine Schüssel geben und vermischen. Alles in die Omnia-Form füllen, den Deckel aufsetzen und bei mittlerer Flamme 20 Min. garen. Danach das Gemüse umrühren und den Käse gleichmäßig darauf verteilen. Deckel aufsetzen und in weiteren 20 Min. überbacken.

Tipp: *Die Maultaschen werden leicht knusprig. Das ist sehr lecker, macht aber beim Reinigen etwas Arbeit. Es empfiehlt sich, die Silikonform zu verwenden oder die Omnia-Form mit Backpapier am Boden auszukleiden. Dann muss man hinterher nicht so viel schrubben.*

REISTOPF MIT BEEF

OHNE KÜHLSCHRANK

Für 4 Personen
Zubereitung: 25 Min.
Garen: 50 Min.
Ruhen: 10 Min.
Pro Person 413 kcal,
17 g E, 18 g F, 47 g KH

ZUBEHÖR
kleines Küchenmesser
großes Küchenmesser
Schneidebrett
kleine Schüssel
Silikonform (optional)
kleiner Topf

250 g Kirschtomaten
12 Knoblauchzehen
6 Schalotten
1 Bund Koriandergrün
70 g Beef Jerky (Trockenfleisch)
1 TL getrockneter Thymian
1 Zimtstange
5 EL Olivenöl
Salz, Pfeffer
200 g Basmatireis
500 ml heiße Gemüsebrühe

1. Tomaten waschen. Knoblauch schälen und in dünne Scheiben schneiden. Schalotten schälen und achteln. Koriandergrün abbrausen, trocken schütteln und die Blätter abzupfen. Blätter grob hacken und für die Garnitur beiseitelegen. Korianderstängel in 1 cm lange Stücke schneiden. Das Beef Jerky quer in dünne Streifen schneiden.

2. Tomaten, Knoblauch, Schalotten, Korianderstängel und Fleisch in einer Schüssel mit Thymian, Zimt, Öl, 1 TL Salz und 2 Prisen Pfeffer vermischen und in die Omnia-Form füllen. Den Deckel aufsetzen und bei mittlerer Flamme 10 Min. garen.

3. Den Kocher ausschalten. Deckel abnehmen und den Reis gleichmäßig in der Form auf das Gemüse streuen. Mit kochender Brühe übergießen, Deckel aufsetzen und alles 5 Min. bei großer Flamme weitergaren. Auf mittlere Flamme reduzieren und weitere 35 Min. garen. Kocher ausschalten und den Reis noch 10 Min. quellen lassen. Das Koriandergrün über den Reistopf streuen, unterheben und sofort heiß servieren.

CAMPING-GULASCH

KLASSIKER ON TOUR

Für 4 Personen
Zubereitung: 30 Min.
Garen: 1 Std. 40 Min.
Pro Person 337 kcal,
34 g E, 14 g F, 21 g KH

ZUBEHÖR
großes Küchenmesser
Schneidebrett
Holzkochlöffel

600 g Rindergulasch
4 Zwiebeln
2 große Kartoffeln
1 rote Paprika
2 EL Olivenöl
Salz, Pfeffer
2 EL Tomatenmark
1 EL Mehl
600 ml Gemüsebrühe
1 EL edelsüßes Paprikapulver
1 EL getrockneter Majoran

1. Das Fleisch in walnussgroße Stücke schneiden. Die Zwiebeln schälen und in Würfel schneiden. Die Kartoffeln schälen, waschen und in 2 cm große Würfel schneiden. Nun die Paprika halbieren, weiße Trennhäute und Kerne entfernen, Paprikahälften waschen und quer in 1 cm breite Streifen schneiden.

2. Das Öl in die Omnia-Form geben und bei großer Flamme erhitzen. Das Fleisch mit 1 TL Salz und 3 Prisen Pfeffer würzen, in die Form geben und braten. Das Fleisch zieht zunächst Wasser. Immer weitergaren, bis die Flüssigkeit verkocht ist. Dann Zwiebeln, Kartoffeln und Paprika in die Form geben und mit dem Fleisch verrühren. Tomatenmark und Mehl einrühren, die Brühe aufgießen. Mit Paprika und Majoran würzen, den Deckel aufsetzen und 1 Std. 20 Min.–1 Std. 40 Min. bei kleiner bis mittlerer Flamme garen.

SCHWEINEFILET IN TOMATENSAUCE

FEIN & EASY

Für 4 Personen
Zubereitung: 30 Min.
Garen: 1 Std.
Pro Person 273 kcal,
34 g E, 10 g F, 5 g KH

ZUBEHÖR
großes Küchenmesser
Schneidebrett
Holzkochlöffel

4 Zweige Rosmarin
600 g Schweinefilet
4 Knoblauchzehen
1 Zwiebel
2 EL Olivenöl
Salz, Pfeffer
400 g gehackte Tomaten (Dose)
150 ml trockener Weißwein
15 schwarze Oliven

1. Rosmarin abbrausen und trocken schütteln. Das Fleisch trocken tupfen und eventuell vorhandene Sehnen abschneiden. Das Filet längs halbieren, dann quer in 4 cm breite Stücke schneiden. Knoblauch und Zwiebel schälen und fein hacken.

2. Das Öl in die Omnia-Form geben und bei großer Flamme erhitzen. Das Fleisch mit Salz und Pfeffer würzen und in die Form legen. 2 Min. anbraten, wenden und weitere 2 Min. anbraten. Zwiebel und Knoblauch dazugeben und alles unter Rühren 2 Min. weiterbraten.

3. Tomaten und Wein dazugeben und verrühren. Rosmarin in die Sauce legen, Oliven dazugeben, mit 1 TL Salz würzen und den Deckel aufsetzen. Alles 1 Std. bei kleiner bis mittlerer Flamme garen. Nach 30 Min. einmal umrühren. Dazu passen eine cremige Polenta (ein Rezept für Polenta finden Sie auf S. 44) oder Bandnudeln.

KÖSTLICHES MIT GEFLÜGEL

Das wird ein Festmahl! Hähnchenbrust mit gefüllten Polenta-Tomaten, würziges Thai-Hähnchen in Kokosmilch oder ein Klassiker wie Coq au vin sind für den Omnia-Backofen kein Problem.

HÄHNCHENSCHNITZEL MIT GURKENSALAT

FEIN & EASY

Für 4 Personen
Zubereitung: 25 Min.
Backen: 20 Min.
Pro Person 372 kcal, 30 g E, 16 g F, 28 g KH

ZUBEHÖR
Sparschäler (optional)
kleines Küchenmesser
großes Küchenmesser
große Schüssel
Holzkochlöffel
Silikonform (optional)
Backpapier

GURKENSALAT
2 Salatgurken
1 EL Apfelessig
2 EL Joghurt
2 EL Mayonnaise
1 TL Senf
1 EL Zucker
Salz, Pfeffer

SCHNITZEL
1 Ei (M)
2 EL Milch
Salz, Pfeffer
2 EL Mehl
80 g Semmelbrösel
2 Hähnchenbrustfilets (à 200 g)
25 g Butterschmalz (ersatzweise Pflanzenöl)
Preiselbeeren nach Belieben

1. Für den Salat die Gurken waschen, schälen und in dünne Scheiben schneiden. Essig, Joghurt, Mayonnaise, Senf, Zucker, 1 TL Salz und 2 Prisen Pfeffer in einer Schüssel verrühren. Gurkenscheiben dazugeben, abdecken und ziehen lassen.

2. Für die Schnitzel Ei, Milch, 1 TL Salz und ½ TL Pfeffer in einer Schale verquirlen. Mehl und Semmelbrösel auf zwei Teller streuen. Die Hähnchenbrust trocken tupfen, waagerecht halbieren und flach klopfen. Nacheinander im Mehl wenden, durch das Ei ziehen und in den Bröseln wenden.

3. Die Silikonform in die Omnia-Form einlegen oder mit Backpapier auskleiden. Das Fett in die Form geben, bei großer Flamme erhitzen und durch Schwenken in der Form verteilen.

4. Die Schnitzel in die Form legen, den Deckel aufsetzen und 10 Min. backen. Dann die Temperatur auf mittlere Flamme senken, Schnitzel wenden und weitere 10 Min. backen. Herausnehmen und kurz auf Küchenpapier entfetten. Dabei mit etwas Salz bestreuen (so bleiben die Schnitzel länger knusprig). Auf Tellern anrichten und mit dem Gurkensalat servieren. Nach Belieben mit Preiselbeeren garnieren

HÄHNCHENBRUST MIT GEFÜLLTEN POLENTA-TOMATEN

MAX. 6 ZUTATEN

FEIN & EASY

Für 4 Personen
Zubereitung: 35 Min.
Garen: 35 Min.
Pro Person 257 kcal,
35 g E, 10 g F, 8 g KH

ZUBEHÖR
großes Küchenmesser
kleines Sieb
mittelgroßer Topf
Holzkochlöffel

8 mittelgroße Tomaten
Salz
125 ml Gemüsebrühe
50 g Polenta (Maisgrieß)
4 Salbeiblätter
4 Hähnchenbrustfilets (à 120 g)
Pfeffer
4 Scheiben Parmaschinken
1 EL Olivenöl

1. Die Tomaten waschen, trocken tupfen und jeweils einen Deckel abschneiden. Die Früchte mit einem Teelöffel aushöhlen, das Fruchtfleisch beiseitelegen. Die Tomaten innen leicht mit Salz bestreuen. Das Fruchtfleisch durch ein Sieb streichen und mit der Gemüsebrühe in einem Topf zum Kochen bringen. Polenta einrühren und 5 Min. bei schwacher Hitze unter Rühren köcheln. Topf beiseiteziehen und die Polenta 5 Min. quellen lassen.

2. In der Zwischenzeit die Salbeiblätter abbrausen. Die Hähnchenbrustfilets trocken tupfen und mit Salz und Pfeffer würzen. Den Schinken flach auf die Arbeitsfläche oder ein Schneidebrett legen. Auf das untere Ende der Scheiben je 2 Salbeiblätter legen, darauf die Hähnchenbrust. Hähnchenbrust in den Schinken einwickeln. Die Omnia-Form mit dem Öl einfetten.

3. Die Tomaten zu zwei Drittel mit der Polenta füllen und die Deckel aufsetzen. Hähnchenbrüste in die Form legen dazwischen je 2 Tomaten platzieren. Den Deckel aufsetzen und alles 5 Min. bei großer Flamme, dann 20 Min. bei mittlerer Flamme garen.

CURRYREIS MIT HÄHNCHEN

MAX. 6 ZUTATEN

Für 4 Personen
Zubereitung: 35 Min.
Garen: 40 Min.
Pro Person 334 kcal,
18 g E, 8 g F, 48 g KH

ZUBEHÖR
großes Küchenmesser
Schneidebrett
kleines Sieb
große Schüssel
Silikonform (optional)

200 g Hähnchenbrustfilet
4 Tomaten
200 g grüne Bohnen
200 g Basmatireis
450 ml Gemüsebrühe
1½ EL Currypulver
Salz
2 EL Olivenöl
4 EL Kokosmilch

1. Das Hähnchenbrustfilet trocken tupfen und in ca. 1 cm große Würfel schneiden. Die Tomaten waschen, vierteln und die Kerne entfernen. Die Tomaten klein würfeln. Die Bohnen putzen, waschen und in ca. 1 cm lange Stücke schneiden. Den Reis in ein Sieb geben, waschen und kurz abtropfen lassen.

2. Hähnchenbrust, Tomaten, Bohnen, Reis, Brühe, Currypulver und 1 TL Salz in einer Schüssel vermischen. Die Omnia-Form mit dem Öl einfetten. Die Reismasse gleichmäßig in der Form verteilen und den Deckel aufsetzen. Alles 5 Min. bei großer Flamme, dann 35 Min. bei kleiner bis mittlerer Flamme garen. Auf Tellern anrichten und mit je 1 EL Kokosmilch beträufeln.

PULLED-HÄHNCHEN-PFANNE

MAX. 6 ZUTATEN

FEIN & EASY

Für 4 Personen
Zubereitung: 35 Min.
Garen: 45 Min.
Pro Person 348 kcal,
33 g E, 2 g F, 53 g KH

ZUBEHÖR
großes Küchenmesser
Schneidebrett
große Schüssel
großes Sieb
Holzkochlöffel

1 rote Paprika
250 ml Gemüsebrühe
250 ml Barbecue-Sauce (Fertigprodukt)
1 Dose Mais (250 g Abtropfgewicht)
1 Dose Kidneybohnen (240 g Abtropfgewicht)
400 g Hähnchenbrustfilet

1. Die Paprika halbieren, Kerne und helle Trennhäutchen entfernen. Die Paprikahälften waschen und in etwa 2 cm große Stücke schneiden. Gemüsebrühe und Barbecue-Sauce in einer Schüssel verrühren. Mais und Bohnen durch ein Sieb abgießen und abspülen. Mais, Bohnen und Paprika in die Schüssel geben, mit der Sauce verrühren und in die Omnia-Form füllen.

2. Die Hähnchenbrüste trocken tupfen und längs halbieren. In die Form legen und unter die Sauce drücken. Den Deckel auf die Form setzen und alles 5 Min. bei großer Flamme, dann 40 Min. bei kleiner Flamme garen. Das Hähnchenfleisch aus der Form nehmen und mithilfe von zwei Gabeln zerfasern. Das Fleisch mit der Sauce mischen und mit Reis oder im Brötchen servieren.

Tipp: *Im Brötchen serviert lässt sich Pulled Hähnchen in einem Haushaltsbehälter wunderbar transportieren – z. B. auf einer Wandertour.*

THAI-HÄHNCHEN IN KOKOS

KLASSIKER ON TOUR

Für 4 Personen
Zubereitung: 35 Min.
Garen: 30 Min.
Pro Person 379 kcal, 30 g E, 25 g F, 10 g KH

ZUBEHÖR
großes Küchenmesser
Schneidebrett
große Schüssel
Holzkochlöffel
Silikonform (optional)

2 Hähnchenbrustfilets (à ca. 200 g)
250 g Brokkoli
400 ml Kokosmilch
2 EL Sojasauce
1 EL rote Thai-Currypaste
1 EL Erdnussbutter
150 g Spinat

1. Hähnchenbrust trocken tupfen, waagerecht halbieren, dann quer in ca. 1 cm breite Streifen schneiden. Den Brokkoli waschen, putzen und in Röschen schneiden. Jedes Röschen vierteln. Kokosmilch, Sojasauce, Currypaste und Erdnussbutter in einer Schüssel glatt rühren.

2. Hähnchenbrust und Brokkoli dazugeben, mit der Sauce verrühren und in die Omnia-Form füllen. Den Deckel aufsetzen und alles 5 Min. bei großer Flamme, dann 20 Min. bei kleiner bis mittlerer Flamme garen.

3. In der Zwischenzeit den Spinat putzen und waschen. Den Spinat in die Omnia-Form geben und unterrühren. Den Deckel aufsetzen und das Thai-Hähnchen weitere 2 Min. garen. Mit Reis servieren.

BACON-HÄHNCHEN

MAX. 6 ZUTATEN

Für 4 Personen
Zubereitung: 25 Min.
Garen: ca. 30 Min.
Pro Person 408 kcal,
29 g E, 19 g F, 31 g KH

ZUBEHÖR
großes Küchenmesser
Schneidebrett
Sparschäler (optional)
kleines Küchenmesser

2 Hähnchenbrustfilets (à ca. 200 g)
Salz, Pfeffer
8 Scheiben Bacon (Frühstücksspeck)
8 mittelgroße Kartoffeln
8 Tomaten
2 TL getrockneter Rosmarin
2 EL Olivenöl

1. Die Hähnchenbrustfilets trocken tupfen und quer halbieren. Mit Salz und Pfeffer würzen und kreuzweise in je 2 Scheiben Bacon einwickeln. Kartoffeln schälen, waschen und vierteln. Jedes Kartoffelviertel längs in 4 dünne Spalten schneiden. Die Tomaten waschen, Stielansatz entfernen und achteln. Tomaten und Kartoffeln mit 1 TL Salz, 2 Prisen Pfeffer, Rosmarin und 1 EL Öl in einer Schüssel mischen.

2. Die Omnia-Form auf den Kocher stellen und bei großer Flamme erhitzen. Restliches Öl in die Form geben. Die Hähnchenbrust in die Form legen und 3 Min. braten. Wenden, weitere 3 Min. braten, herausnehmen und kurz auf einen Teller legen. Kartoffeln und Tomaten in der Form verteilen, die Hähnchenbrüste darauflegen. Den Deckel aufsetzen und alles 5 Min. bei großer Flamme, dann 20 Min. bei mittlerer Flamme garen.

CHICKEN WINGS IN HONIG-KNOBLAUCH-MARINADE

Für 4 Personen
Zubereitung: 15 Min.
Garen: 40 Min.
Pro Person 643 kcal,
43g E, 40 g F, 27 g KH

ZUBEHÖR
kleines Küchenmesser
großes Küchenmesser
Schneidebrett

2 Knoblauchzehen
Salz
2 EL Honig
2 EL Sojasauce
1 TL gemahlener Koriander
1 kg Hähnchenflügel
200 ml Barbecue-Sauce (Fertigprodukt)

1. Knoblauch schälen und fein hacken. Knoblauch mit 1 TL Salz, Honig, Sojasauce und Koriander in einer Schüssel verrühren. Die Hähnchenflügel trocken tupfen und dazugeben. Dann vermischen, bis sie mit der Marinade überzogen sind.

2. Die Flügel gleichmäßig in der Omnia-Form verteilen. Den Deckel aufsetzen und die Hähnchenflügel 20 Min. bei großer Flamme garen. Die Hähnchenflügel wenden und bei mittlerer Flamme weitere 20 Min. garen. Die Flügel mit der Barbecue-Sauce zum Dippen servieren. Dazu passt Salat, Baguette oder anderes Brot.

GEBACKENE HÄHNCHENSCHENKEL

MAX. 6 ZUTATEN

Für 4 Personen
Zubereitung: 15 Min.
Backen: 50 Min.
Pro Person 420 kcal,
37 g E, 30 g F, 1 g KH

ZUBEHÖR
Aufbackgitter

4 Hähnchenkeulen
Salz
3 EL Olivenöl
3 TL edelsüßes
Paprikapulver

1. Das Aufbackgitter in die Omnia-Form einlegen. Die Hähnchenschenkel trocken tupfen und kräftig rundherum mit Salz würzen. Öl und Paprikapulver miteinander verrühren. Die Schenkel mit der Hautseite nach oben gleichmäßig auf dem Aufbackgitter verteilen. Den Deckel aufsetzen und die Hähnchenschenkel bei großer bis mittlerer Flamme in 45–50 Min. goldbraun backen.

2. Nach 5 Min. die Oberseite mit dem Würzöl einpinseln. Deckel wieder aufsetzen und 10 Min. weiterbacken. Schenkel wenden und erneut mit dem Würzöl einpinseln, Deckel aufsetzen und weiterbacken. Nach 15 Min. die Schenkel noch einmal wenden und mit dem restlichen Würzöl einpinseln. Dann die Hähnchenschenkel bei großer Flamme 15 Min weiterbacken.

3. Ab jetzt regelmäßig den Bräunungsgrad kontrollieren und gegebenenfalls die Hitze reduzieren. Die Schenkel sind fertig, wenn sie goldbraun und knusprig gebacken sind. Mit Salat und Baguette servieren.

Tipp: *Zu den Hähnchenschenkeln passen auch gut der Kartoffelauflauf (S. 96), der Brotauflauf (S. 97) oder Briam – griechischer Gemüseauflauf (S. 98).*

HÄHNCHEN IN ZWIEBELRAHM

FEIN & EASY

Für 4 Personen
Zubereitung: 25 Min.
Garen: 25 Min.
Pro Person 384 kcal, 28 g E, 27 g F, 9 g KH

ZUBEHÖR
kleines Küchenmesser
großes Küchenmesser
Schneidebrett
Holzkochlöffel

6 rote Zwiebeln
200 g Champignons
2 Hähnchenbrustfilets (à ca. 200 g)
200 g Sahne
200 ml Gemüsebrühe
1 EL Mehl
1 TL getrockneter Majoran
Salz, Pfeffer
2 EL Olivenöl

1. Die Zwiebeln schälen, halbieren und in dünne Streifen schneiden. Die Champignons trocken mit Küchenpapier abreiben und vierteln. Nur falls unbedingt nötig, die Pilze waschen. Die Hähnchenbrüste trocken tupfen und erst waagerecht durchschneiden, dann quer halbieren. Sahne, Brühe, Mehl, Majoran, 1 TL Salz und 2 Prisen Pfeffer in einem Becher oder Glas verrühren.

2. Das Öl in die Omnia-Form geben und bei großer Flamme erhitzen. Die Zwiebeln in die Form geben, den Deckel aufsetzen und bei gelegentlichem Rühren in 5 Min. hellbraun garen. Die Pilze dazugeben und alles weitere 5 Min. garen. Dabei gelegentlich umrühren.

3. Die Hähnchenbruststücke gleichmäßig darauf verteilen und mit der Sahnemischung übergießen. Den Deckel aufsetzen und alles 5 Min. bei großer Flamme, dann 20 Min. bei mittlerer Flamme garen. Mit frischem Baguette oder Nudeln servieren.

COQ AU VIN

KLASSIKER ON TOUR

FEIN & EASY

Für 4 Personen
Zubereitung: 35 Min.
Garen: 40 Min.
Pro Person 895 kcal,
75 g E, 57 g F, 13 g KH

ZUBEHÖR
kleines Küchenmesser
großes Küchenmesser
Schneidebrett
Holzkochlöffel

250 g Schalotten
250 g kleine Champignons
1 große Möhre
2 Knoblauchzehen
6 Scheiben Bacon (Frühstücksspeck)
12 kleine Hähnchenunterschenkel (Drumsticks)
Salz, Pfeffer
2 EL Olivenöl
1 EL Tomatenmark
2 EL Mehl
300 ml trockener Rotwein
150 ml Gemüsebrühe
2 Lorbeerblätter
6 Zweige Thymian

1. Die Schalotten schälen und halbieren. Die Champignons trocken mit Küchenpapier abreiben, Stielenden kürzen. Größere Pilze halbieren und, nur falls unbedingt nötig, die Pilze waschen. Die Möhre schälen, waschen und in 1 cm große Würfel schneiden. Zwiebeln, Pilze und Möhre in einer Schale vermischen. Knoblauch schälen und in dünne Scheiben schneiden. Den Bacon quer in 1 cm breite Streifen schneiden.

2. Die Hähnchenunterschenkel trocken tupfen und mit Salz und Pfeffer würzen. Das Öl in die Omnia-Form geben und bei großer Flamme erhitzen. Die Hähnchenunterschenkel in die Form geben, den Deckel aufsetzen und die Drumsticks rundherum in 10 Min. hellbraun backen. Herausnehmen und auf einen Teller legen.

3. Den Bacon in die Form geben und unter gelegentlichem Rühren knusprig braten. Knoblauch dazugeben und 1 Min. mitbraten. Tomatenmark einrühren, dann das Mehl dazugeben und verrühren. Gemüse und Pilze in der Form verteilen, die Hähnchenunterschenkel gleichmäßig darauf verteilen. Mit Wein und Brühe aufgießen, Lorbeer, Thymian und 1 TL Salz dazugeben. Den Deckel aufsetzen und alles 5 Min. bei großer Flamme, dann 35 Min. bei mittlerer Flamme garen. Mit frischem Baguette servieren.

Tipp: *Es können auch vier ganze Hähnchenschenkel verwendet werden, wenn man sie in der Mitte am Gelenk halbiert. Die Garzeit verlängert sich dann um 10 Min. Die kleineren Unterschenkel lassen sich aber besser in der Form verteilen und alles gart gleichmäßiger.*

FEINES MIT FISCH & MEERESFRÜCHTEN

Wer Fisch und Meeresfrüchte liebt, wird von der Omnia-Backform begeistert sein. Gedämpfter oder gebackener Fisch, ein herzhafter Fischauflauf, eine Frittata mit Garnelen oder Pasta mit Thunfisch: Die Omnia-Backform ist unglaublich vielseitig.

MEDITERRANER SEELACHS

FEIN & EASY

Für 4 Personen
Zubereitung: 25 Min.
Garen: 15 Min.
Pro Person 539 kcal,
38 g E, 24 g F, 46 g KH

ZUBEHÖR
kleines Küchenmesser
großes Küchenmesser
Schneidebrett
kleine Schüssel
großer Topf
großes Sieb

2 mittelgroße Zucchini
1 Bio-Zitrone
3 Knoblauchzehen
¼ Bund glatte Petersilie
3 EL Butter
5 EL Olivenöl
½ TL gemahlener Koriander
½ TL Paprikapulver
Salz, Pfeffer
4 Seelachsfilets (à 150 g)
4 TL Kapern
200 g Spaghetti

1. Die Zucchini putzen, waschen und in 1 cm große Würfel schneiden. Die Zitrone heiß waschen, trocken tupfen und in 12 dünne Scheiben schneiden. Knoblauch schälen und in dünne Scheiben schneiden. Petersilie abbrausen, trocken schütteln, Blätter abzupfen und grob hacken. Die Butter schmelzen und mit Öl, Knoblauch, Koriander, Paprika, 1 TL Salz und 2 Prisen Pfeffer in einer Schale verrühren.

2. Die Hälfte der Öl-Butter in die Omnia-Form geben und an ihrem Boden verteilen. Die Fischfilets hineinlegen und mit restlicher Öl-Butter beträufeln. Jedes Fischfilet mit 1 TL Kapern bestreuen und 3 Zitronenscheiben belegen.

3. Den Deckel aufsetzen und alles 10–12 Min. bei mittlerer Flamme garen. Inzwischen die Spaghetti nach Packungsanweisung bissfest garen. 2 Min. bevor die Spaghetti fertig sind, die Zucchiniwürfel mit ins Kochwasser geben. Den Spaghetti-Zucchini-Mix abgießen und wieder in den Topf zurückgeben.

4. Den Fisch auf Tellern anrichten. Die Öl-Butter aus der Omnia-Form zum Spaghetti-Zucchini-Mix geben und vermischen. Die Mischung neben dem Fisch anrichten. Alles mit gehackter Petersilie garnieren und servieren.

GEDÄMPFTER FISCH MIT INGWER

MAX. 6 ZUTATEN

FEIN & EASY

Für 4 Personen
Zubereitung: 25 Min.
Einweichen: 30 Min.
Garen: 15 Min.
Pro Person 175 kcal,
29 g E, 2 g F, 13 g KH

ZUBEHÖR
kleine Schüssel
kleines Küchenmesser
großes Küchenmesser
Schneidebrett
Aufbackgitter (optional)

6 getrocknete Shiitake-Pilze
2 Knoblauchzehen
1 Stück Ingwer (ca. 5 cm lang)
2 Stangensellerie mit Kraut
4 Frühlingszwiebeln
2 EL helle Sojasauce
1 TL Zucker
4 Tilapia-Filets (à 150 g)
Salz, Pfeffer

1. Die Pilze 30 Min. in 250 ml Wasser einweichen. Inzwischen den Knoblauch schälen und in dünne Scheiben schneiden. Ingwer schälen, längs in dünne Scheiben, dann in feine Streifen schneiden. Sellerie putzen, die Blätter dabei abzupfen, waschen, trocken tupfen und grob hacken. Für die Garnitur beiseitelegen. Selleriestangen in 4 cm lange Stücke schneiden, dann längs in dünne Streifen. Von den Frühlingszwiebeln die Enden abschneiden. Die Frühlingszwiebeln in 4 cm lange Stücke schneiden, dann in dünne Streifen schneiden.

2. Die Pilze aus dem Einweichwasser nehmen und in dünne Streifen schneiden. Das Wasser von den Pilzen, Sojasauce, Zucker, Pilze, Knoblauch, Ingwer, Sellerie und Frühlingszwiebeln in die Omnia-Form geben und alles miteinander verrühren.

3. Das Gitter in die Form legen. Die Fischfilets trocken tupfen und mit Salz und Pfeffer würzen. Die Filets auf das Gitter legen, den Deckel aufsetzen und den Fisch 5 Min. bei großer Flamme, dann 10 Min. bei mittlerer Flamme dämpfen. Den Fisch auf Teller anrichten, mit dem Fond beträufeln und das Gemüse daraufsetzen. Mit Jasminreis servieren.

Tipp: *Wer das Aufbackgitter für die Omnia-Form nicht hat, legt die Fischfilets direkt auf das Gemüse.*

LACHSAUFLAUF MIT KNOBLAUCHSAUCE

Für 4 Personen
Zubereitung: 30 Min.
Garen: 30 Min.
Pro Person 647 kcal,
43 g E, 30 g F, 54 g KH

ZUBEHÖR
großes Küchenmesser
Schneidebrett
kleines Küchenmesser
großer Topf
großes Sieb
Silikonform (optional)

500 g Lachsfilet
500 g Brokkoli
3 Knoblauchzehen
250 g Bandnudeln
Salz
400 ml Gemüsebrühe
200 g Schmelzkäsezubereitung (Sahne)
Zitronensaft
Pfeffer

1. Den Lachs waschen, trocken tupfen und in 2 cm große Würfel schneiden. Den Brokkoli in kleine Röschen zerteilen. Jedes Röschen vierteln, dann waschen und abtropfen lassen. Knoblauch schälen und fein hacken. Nudeln nach Packungsanweisung in reichlich Salzwasser bissfest kochen. 2 Min. bevor die Nudeln gar sind, den Brokkoli dazugeben. Nudeln und Brokkoli abgießen, abtropfen lassen und in die Omnia-Form geben. Die Lachswürfel darauf verteilen.

2. Gemüsebrühe erhitzen, den Schmelzkäse dazugeben und darin schmelzen. Mit Knoblauch, Zitronensaft, 1 TL Salz und 2 Prisen Pfeffer würzen. Die Sauce über Lachs und Nudeln geben, den Deckel aufsetzen und alles 5 Min. bei großer Flamme, dann für 25 Min. bei mittlerer Flamme garen.

LACHS AUF KARTOFFELN

MAX. 6 ZUTATEN

Für 4 Personen
Zubereitung: 30 Min.
Garen: 35 Min.
Pro Person 551 kcal,
35 g E, 32 g F, 30 g KH

ZUBEHÖR
großer Topf
kleines Küchenmesser
großes Küchenmesser
Schneidebrett
Silikonform (optional)

800 g Kartoffeln
Salz
2 Stängel Dill
2 Knoblauchzehen
1 EL Butter
400 ml Gemüsebrühe
200 g Crème fraîche
Pfeffer
4 Lachsfilets (à 150 g)

1. Die Kartoffeln waschen und in Salzwasser 30 Min. kochen. Abgießen und 10 Min. ausdampfen lassen. Die Kartoffeln pellen und in ½ cm dicke Scheiben schneiden. Den Dill abbrausen, trocken schütteln und fein schneiden. Knoblauch schälen und fein hacken. Butter und Knoblauch in die Omnia-Form geben und den Boden damit einreiben.

2. Die Kartoffelscheiben fächerförmig auf dem Boden der Form verteilen. Gemüsebrühe, Crème fraîche, Dill, 1 TL Salz und 2 Prisen Pfeffer verrühren und über die Kartoffeln gießen. Den Deckel aufsetzen und alles 5 Min. bei großer Flamme, dann 15 Min. bei mittlerer Flamme garen. Inzwischen den Lachs waschen, trocken tupfen und mit Salz und Pfeffer würzen. Lachsfilets auf die Kartoffeln setzen, den Deckel wieder aufsetzen und alles 15 Min. bei mittlerer Flamme weitergaren.

KABELJAU MIT TOMATEN UND KARTOFFELN

Für 4 Personen
Zubereitung: 30 Min.
Backen: 30 Min.
Pro Person 311 kcal,
30 g E, 11 g F, 19 g KH

ZUBEHÖR
Sparschäler (optional)
kleines Küchenmesser
großes Küchenmesser
Schneidebrett
mittelgroßer Topf
Silikonform (optional)

4 Kartoffeln
Salz
600 g Kabeljaufilet
8 Tomaten
3 Knoblauchzehen
2 Zweige Rosmarin
Öl
250 ml Gemüsebrühe
100 ml Weißwein
Salz, Pfeffer

1. Kartoffeln schälen, waschen und in ½ cm dicke Scheiben schneiden. Kartoffeln 10 Min. in Salzwasser kochen, dann abgießen.

2. Inzwischen den Fisch waschen und trocken tupfen. Das Fischfilet mit einem Messer in 1 cm dicke Scheiben schneiden. Die Tomaten waschen, den Stielansatz herausschneiden und die Tomaten in 1 cm dicke Scheiben schneiden. Den Knoblauch schälen und in dünne Scheiben schneiden. Den Rosmarin abbrausen und die Nadeln abstreifen.

3. Die Omnia-Form mit 1 EL Öl ausreiben und den Knoblauch am Boden der Form verteilen. Jeweils 3 Tomatenscheiben und 3 Kartoffelscheiben im Wechsel in der Form übereinanderschichten, darauf ein Stück Fischfilet legen. Rundherum fortsetzen, bis die Form gefüllt ist. Übrig gebliebene Scheiben Gemüse oder Fisch einfach dazwischenstecken. Die Rosmarinnadeln gleichmäßig verteilt daraufstreuen.

4. Brühe und Wein in die Form gießen und alles kräftig mit Salz und Pfeffer würzen. Den Fisch mit restlichem Öl beträufeln. Den Deckel aufsetzen und alles 5 Min. bei großer, dann 25 Min. bei mittlerer Flamme garen.

GEBACKENE MUSCHELNUDELN MIT KRABBENFLEISCH

FEIN & EASY

Für 4 Personen
Zubereitung: 30 Min.
Garen: 15 Min.
Abkühlen: 10 Min.
Pro Person 521 kcal,
28 g E, 29 g F, 39 g KH

ZUBEHÖR
2 große Siebe
großer Topf
kleines Sieb
kleines Küchenmesser
großes Küchenmesser
Schneidebrett
kleiner Topf
Silikonform (optional)

220 g Blattspinat
Salz
150 g Muschelnudeln (groß, Conchiglioni)
2 Dosen Krabbenfleisch in Lake (à 170 g)
1 kleine Zwiebel
1 Knoblauchzehe
2 EL Butter
400 g gehackte Tomaten (Dose)
1 EL Zucker
1 EL getrocknetes Basilikum
150 g geriebener Mozzarella
100 g Sahne
50 g geriebener Parmesan

1. Spinat verlesen, putzen, waschen und abtropfen lassen. In einem großen Topf reichlich Salzwasser aufkochen und die Muschelnudeln darin nach Packungsanweisung bissfest kochen. Abgießen, kalt abspülen und abtropfen lassen. Krabbenfleisch durch ein Sieb abgießen und abtropfen lassen.

2. Für die Sauce Zwiebel und Knoblauch schälen und fein hacken. Die Butter in einem Topf erhitzen. Zwiebel, Knoblauch und 1 TL Salz dazugeben. Bei mittlerer Hitze unter Rühren anschwitzen, bis sie glasig sind. Tomaten, Zucker und Basilikum dazugeben und bei schwacher Hitze 5 Min. kochen.

3. Die Hälfte der Sauce in der Omnia-Form verteilen. Restliche Sauce erneut aufkochen. Den Spinat in den Topf geben und verrühren, bis er zusammengefallen ist. Kocher ausschalten, Krabbenfleisch und Mozzarella einrühren und 10 Min. abkühlen lassen. Die Masse in die Muschelnudeln füllen und in zwei Lagen in die Form setzen. Sahne über die Nudeln gießen und mit Parmesan bestreuen. Den Deckel aufsetzen und alles 5 Min. bei großer Flamme, dann 10 Min. bei mittlerer Flamme garen.

THUNFISCH-PASTA

KLASSIKER ON TOUR

Für 2 Personen
Zubereitung: 30 Min.
Garen: 35 Min.
Pro Person 889 kcal,
43 g E, 41 g F, 90 g KH

ZUBEHÖR
Sieb
kleines Küchenmesser
großes Küchenmesser
Schneidebrett
Silikonform (optional)

2 Dosen Thunfisch in Olivenöl (à 110 g)
1 Zwiebel
500 g Kirschtomaten
½ Bund glatte Petersilie
2 EL Olivenöl
Salz
200 g Rigatoni
500 ml Gemüsebrühe
3 EL Schmand
30 g geriebener Parmesan
2 EL Kapern
2 TL Zitronensaft

1. Den Thunfisch in ein Sieb geben und abtropfen lassen. Die Zwiebel schälen und fein würfeln. Tomaten waschen und halbieren. Petersilie abbrausen, trocken schütteln, Blätter abzupfen und grob hacken. Das Öl, die Zwiebel und 1 TL Salz in die Omnia-Form geben und verrühren. Den Deckel aufsetzen und die Zwiebel 5 Min. bei großer Flamme garen.

2. Anschließend Nudeln, Tomaten, Thunfisch und Brühe dazugeben. Den Deckel aufsetzen und alles 5 Min. bei großer Flamme, dann 15 Min. bei mittlerer Flamme garen. Gelegentlich umrühren.

3. Am Ende der Garzeit den Kocher ausschalten und Schmand, Käse, Kapern und Zitronensaft locker unter die Nudeln heben. Den Deckel aufsetzen und alles noch 10 Min. ziehen lassen. Die Thunfisch-Pasta auf Tellern anrichten und mit der gehackten Petersilie garnieren.

Tipp: *Thunfisch aus der Dose ist die ideale Zutat, wenn das Essen schnell auf den Teller kommen soll. Wer auf Konservenfisch verzichten möchte, kann ersatzweise klein geschnittene Fischfilets, z. B. von Lachs oder Kabeljau, verwenden. Die Rigatoni lassen sich durch jede andere Pastasorte ersetzen.*

GARNELEN IM KNOBLAUCHSUD

MAX. 6 ZUTATEN

FEIN & EASY

Für 4 Personen
Zubereitung: 25 Min.
Garen: 8 Min.
Pro Person 212 kcal,
29 g E, 7 g F, 8 g KH

ZUBEHÖR
großes Küchenmesser
Schneidebrett
Holzkochlöffel

2 Knoblauchknollen
2 EL Olivenöl
4 Zweige Thymian
2 Stängel Salbei
1 Zweig Rosmarin
2 TL Zitronensaft
Salz, Pfeffer
600 g Garnelen
(geschält, küchenfertig)

1. Eine Knoblauchknolle waschen und waagerecht halbieren. Die Zehen der zweiten Knolle auslösen und schälen. Knoblauchzehen mit der breiten Seite eines großen Küchenmessers zerdrücken. Das Öl in die Omnia-Form geben. Die zerdrückten Knoblauchzehen in die Form geben und unter gelegentlichem Rühren bei mittlerer Flamme in 8 Min. goldbraun braten. Mit 600 ml Wasser aufgießen und zum Kochen bringen.

2. Inzwischen die Kräuter abbrausen und in die Knoblauchbrühe legen. Die halbierte Knoblauchknolle einlegen und alles 5 Min. kochen lassen. Zitronensaft, 1 TL Salz, 3 Prisen Pfeffer und die Garnelen in den Knoblauchsud geben. Den Deckel aufsetzen und die Garnelen 8 Min. bei kleiner Flamme garen. Die Garnelen mit Brühe in tiefen Tellern anrichten. Mit frischem Baguette oder Fladenbrot servieren.

emile

FRITTATA MIT GARNELEN UND CHORIZO

Für 4 Personen
Zubereitung: 25 Min.
Garen: 35 Min.
Pro Person 500 kcal,
26 g E, 34 g F, 24 g KH

ZUBEHÖR

Sparschäler (optional)
kleines Küchenmesser
großes Küchenmesser
Schneidebrett
Vierkant-Küchenreibe
große Schüssel

500 g festkochende Kartoffeln
2 Frühlingszwiebeln
2 Tomaten
10 schwarze Oliven (ohne Stein)
100 g Chorizo (spanische Paprikawurst)
50 g Manchego (spanischer Rohmilchkäse)
4 Eier (M)
120 ml Milch
½ TL rosenscharfes Paprikapulver (ersatzweise edelsüßes)
Salz, Pfeffer
5 EL Olivenöl
200 g Garnelen (geschält, küchenfertig)

1. Die Kartoffeln waschen und schälen. Die Kartoffeln längs vierteln und quer in dünne Scheiben schneiden. Frühlingszwiebeln putzen, waschen und in feine Ringe schneiden. Die Tomaten waschen, trocken tupfen und in 1 cm große Würfel, die Oliven in Scheiben schneiden. Chorizo in dünne Scheiben schneiden. Den Käse grob reiben.

2. Die Eier mit Milch, Käse, Frühlingszwiebeln, Paprikapulver, 1 TL Salz und 2 Prisen Pfeffer verrühren. Das Olivenöl in die Omnia-Form geben und durch Schwenken darin verteilen. Kartoffelscheiben hineingeben und bei großer Flamme 10 Min. garen. Chorizo, Garnelen, Tomaten und Oliven unterrühren und alle Zutaten gleichmäßig in der Form verteilen. Die Eiermischung darübergießen. Den Deckel aufsetzen und die Tortilla 25 Min. bei mittlerer Flamme garen.

Tipp: *Manchego, der für dieses Rezept normalerweise verwendet wird, ist nicht zwingend erforderlich. Jeder andere fettreiche Käse funktioniert ebenfalls.*

GARNELEN AUS DEM BACKPAPIER

FEIN & EASY

Für 4 Personen
Zubereitung: 30 Min.
Garen: 20 Min.
Pro Person 101 kcal,
13 g E, 3 g F, 6 g KH

ZUBEHÖR
Messer
Schneidebrett
Pfanne (Ø 24 cm)
Schere
Aufbackgitter

250 g Champignons
150 g Zuckerschoten
1 Knoblauchzehe
200 g Kirschtomaten
1 EL Butter
½ TL getrockneter Thymian
Salz
½ Bio-Zitrone
200 g Garnelen (geschält, küchenfertig)

AUSSERDEM
4 Bögen Backpapier (30 x 30 cm)
Küchengarn

1. Die Champignons trocken mit Küchenpapier abreiben, Stielenden kürzen. Zuckerschoten waschen und zweimal schräg durchschneiden. Den Knoblauch schälen und fein hacken. Die Kirschtomaten waschen und halbieren.

2. Die Butter in einer Pfanne bei starker Hitze aufschäumen lassen und die Champignons darin rundum anbraten. Zuckerschoten und Knoblauch dazugeben und kurz mitrösten. Sobald die Pilze gebräunt sind, die Pfanne vom Herd nehmen. Thymian und Kirschtomaten unter die Champignons heben und alles mit 1 TL Salz würzen. Die Zitronenhälfte heiß abspülen, trocken tupfen und in 8 Scheiben schneiden. Die Garnelen abspülen und salzen.

3. Die Gemüsemischung mittig auf die Backpapierbögen verteilen. Die Garnelen gleichmäßig aufteilen und darauflegen, mit je 2 Zitronenscheiben belegen. Das Backpapier über den Garnelen zusammenklappen und zu rechteckigen Päckchen falten. Die Päckchen dann mit Küchengarn fixieren.

4. Das Aufbackgitter in die Omnia-Form setzen und 50 ml Wasser dazugießen. Die Päckchen in die Form legen, dabei unbedingt darauf achten, dass das Backpapier nicht über die Öffnung in der Mitte ragt, da es sonst zu brennen beginnt. Den Deckel aufsetzen und die Garnelen 20 Min. bei mittlerer Flamme garen. Die Päckchen danach herausnehmen und auf Teller setzen. Erst bei Tisch öffnen und die Garnelen direkt aus dem Backpapier genießen.

LECKER VEGETARISCH

Fleischlose Rezepte – na klar! Was in der Omnia-Backform gut gelingt, sind Aufläufe mit Gemüse, Pilzen oder Getreide, Pasta- und Reisgerichte jeder Art oder auch Klassiker wie Käsespätzle und Moussaka.

TORTELLINI IN PILZSAUCE

OHNE KÜHLSCHRANK

Für 2 Personen
Zubereitung: 20 Min.
Einweichen: 45 Min.
Garen: 30 Min.
Ziehenlassen: 5 Min.
Pro Person 492 kcal, 21 g E, 16 g F, 68 g KH

ZUBEHÖR
große Schüssel
kleine Schüssel
kleines Küchenmesser
Schneidebrett
großes Küchenmesser
kleines Sieb

200 g getrocknete Tortellini (mit Spinat-Ricotta-Füllung)
20 g getrocknete Pilze (nach Wahl)
200 g Champignons
1 Zwiebel
3 Stängel Petersilie
2 EL Olivenöl
2 EL Mehl
250 ml Gemüsebrühe
200 ml ungesüßter Mandeldrink
Salz
1 TL getrockneter Thymian

1. Die Tortellini 45 Min. in kaltem Wasser einweichen. Getrocknete Pilze 20 Min. in 250 ml warmem Wasser einweichen. Champignons trocken mit Küchenpapier abreiben und nur, falls unbedingt nötig, waschen und vierteln. Die Zwiebel schälen und fein würfeln. Petersilie abbrausen, trocken schütteln, die Blätter abzupfen und fein hacken. Die getrockneten Pilze durch ein Sieb abgießen und auspressen, die Flüssigkeit dabei auffangen. Die getrockneten Pilze fein hacken.

2. Das Öl in die Omnia-Form geben. Pilze und Zwiebel dazugeben und verrühren. Den Deckel aufsetzen und bei mittlerer Flamme 10 Min. garen, bis sie beginnen zu rösten. Das Mehl dazugeben und zügig verrühren. Brühe, Mandeldrink, 1 TL Salz und Thymian dazugeben und verrühren. Tortellini abgießen und mit der Sauce verrühren. Den Deckel aufsetzen und alles 5 Min. bei großer Flamme, dann 15 Min. bei mittlerer Flamme garen.

3. Nach 10 Min. einmal durchrühren. Am Ende der Garzeit den Kocher ausschalten und die Tortellini noch 5 Min. ziehen lassen. In tiefen Tellern anrichten und mit der fein gehackten Petersilie garnieren.

PENNE MIT PILZEN UND KÄSE

Für 4 Personen
Zubereitung: 20 Min.
Garen: 35 Min.
Pro Person 715 kcal, 31g E, 28g F, 91g KH

ZUBEHÖR
kleine Schüssel
Messer
Sieb
Pfanne (Ø 24 cm)
Silikonform (optional)

20 g getrocknete Steinpilze
½ Bund Petersilie
150 g Shiitake-Pilze
150 g Champignons
4 EL Butter
4 EL Mehl
700 ml Milch
Salz, Pfeffer
350 g Penne
100 g geriebener Käse (z. B. Gouda)
50 g geriebener Parmesan

1. Die getrockneten Pilze in 200 ml warmem Wasser 20 Min. einweichen. Petersilie abbrausen, trocken schütteln, abzupfen und fein hacken. Inzwischen die frischen Pilze trocken mit Küchenpapier abreiben. Nur falls unbedingt nötig, die Pilze waschen und vierteln. Die getrockneten Pilze durch ein Sieb abgießen und auspressen, die Flüssigkeit dabei auffangen. Die getrockneten Pilze fein hacken.

2. In einer Pfanne die Butter erhitzen. Die Pilze, frische und getrocknete, dazugeben und 10 Min. bei mittlerer Flamme braten, bis sie beginnen zu rösten. Das Mehl dazugeben und zügig verrühren. Milch und die Einweichflüssigkeit dazugießen und alles verrühren. Mit 1 TL Salz und 3 Prisen Pfeffer würzen.

3. Die Nudeln unterrühren und alles gleichmäßig in der Omnia-Form verteilen. Mit geriebenem Käse und Parmesan bestreuen. Den Deckel aufsetzen und alles bei kleiner Flamme 25 Min., dann für 10 Min. bei großer Flamme garen. Auf Tellern anrichten und mit der fein gehackten Petersilie garniert servieren.

PENNE ALL'ARRABBIATA

Für 2 Personen
Zubereitung: 20 Min.
Backen: 20 Min.
Pro Person 486 kcal,
15 g E, 12 g F, 83 g KH

ZUBEHÖR
kleines Küchenmesser
Schneidebrett
großes Küchenmesser
Holzkochlöffel

2 große Knoblauchzehen
2 frische rote Chilischoten
½ Bund Petersilie
2 EL Olivenöl
400 g gehackte Tomaten (Dose)
400 ml Gemüsebrühe
200 g Penne
Salz, Pfeffer

1. Knoblauch schälen und in dünne Scheiben schneiden. Chilis waschen, trocken tupfen und in feine Ringe schneiden. Petersilie abbrausen, trocken schütteln, die Blätter abzupfen und fein hacken. Das Öl in die Omnia-Form geben und erhitzen. Knoblauch und Chilis dazugeben und bei mittlerer Flamme 3 Min. anschwitzen. Tomaten, Brühe, Nudeln, 1 TL Salz und ½ TL Pfeffer dazugeben und verrühren.

2. Den Deckel aufsetzen und alles 5 Min. bei großer Hitze garen. Nach 5 Min. die Penne durchrühren, um zu verhindern, dass sie aneinanderkleben. Den Deckel wieder aufsetzen und 15 Min. bei mittlerer Flamme weitergaren. Kocher ausschalten und die Nudeln noch 10 Min. ziehen lassen. In tiefen Tellern anrichten und mit der fein gehackten Petersilie garnieren.

***Tipp:** Wer mag, serviert das Gericht mit reichlich frisch geriebenem Pecorino oder Parmesan. Statt der Penne passen auch Rigatoni zur scharfen Sauce. Wer keine Chilischoten zur Hand hat, kann 1 Teelöffel Chiliflocken zugeben.*

GEMÜSE-PASTA

OHNE KÜHLSCHRANK

Für 4 Personen
Zubereitung: 20 Min.
Garen: 35 Min.
Pro Person 283 kcal,
13 g E, 5 g F, 49 g KH

ZUBEHÖR
kleines Küchenmesser
großes Küchenmesser
Schneidebrett
große Schüssel
Silikonform (optional)

1 Zwiebel
2 Knoblauchzehen
100 g Zuckerschoten
2 Möhren
½ Blumenkohl
400 g gehackte Tomaten (Dose)
500 ml Gemüsebrühe
Salz, Pfeffer
200 g Rigatoni
½ Bund Basilikum
50 g geriebener Parmesan

1. Zwiebel und Knoblauch schälen und fein hacken. Zuckerschoten putzen, waschen und quer halbieren. Die Möhren waschen, schälen, längs vierteln und schräg in 3 cm lange Stücke schneiden. Den Blumenkohl waschen und in kleine Röschen teilen. Die Gemüse mit Tomaten, Brühe, 1 TL Salz, 2 Prisen Pfeffer und den Nudeln in einer Schüssel vermischen. Alles in die Omnia-Form geben und gleichmäßig darin verteilen.

2. Den Deckel aufsetzen und alles bei mittlerer Flamme 20 Min. garen. Inzwischen Basilikum abbrausen, trocken schütteln und die Blätter in feine Streifen schneiden. Nach 20 Min. den Käse über die Nudeln streuen und zugedeckt in 15 Min. bei großer Flamme überbacken. Die Gemüse-Pasta auf Tellern anrichten und mit Basilikum garniert servieren.

SPAGHETTI IN TOMATENSAUCE

MAX. 6 ZUTATEN

OHNE KÜHLSCHRANK

Für 2 Personen
Zubereitung: 20 Min.
Garen: 20 Min.
Ziehenlassen: 10 Min.
Pro Person 673 kcal, 23 g E, 26 g F, 89 g KH

ZUBEHÖR
kleines Küchenmesser
großes Küchenmesser
Schneidebrett
Silikonform (optional)

4 mittelgroße Tomaten
4 Knoblauchzehen
1 Bund Basilikum
200 g Spaghetti
3 EL Olivenöl
2 EL Tomatenmark
1 EL Zucker
Salz
50 g geriebener Parmesan

1. Tomaten waschen, Stielansatz entfernen und die Tomaten in 1 cm große Würfel schneiden. Knoblauch schälen und in dünne Scheiben schneiden. Basilikum abbrausen, trocken schütteln und die Blätter abzupfen. Spaghetti in der Mitte durchbrechen.

2. 650 ml Wasser, Öl, Tomatenmark, Zucker und 1 TL Salz in die Omnia-Form geben und verrühren. Tomaten, Knoblauch und die Hälfte Basilikum dazugeben und verrühren. Spaghetti dazugeben und gleichmäßig in der Form verteilen. Den Deckel aufsetzen und alles 5 Min. bei großer Hitze garen.

3. Die Spaghetti gut durchrühren, um zu verhindern, dass sie aneinanderkleben. Den Deckel wieder aufsetzen und alles 15 Min. bei mittlerer Flamme weitergaren. Den Kocher ausschalten und die Nudeln noch 10 Min. ziehen lassen. In tiefen Tellern anrichten und mit Käse und Basilikumblättern garnieren.

HÖRNCHENNUDELN IN KÄSESAUCE

FEIN & EASY

Für 2 Personen
Zubereitung: 35 Min.
Garen: 15 Min.
Ziehenlassen: 10 Min.
Pro Person 819 kcal,
36 g E, 36 g F, 91 g KH

ZUBEHÖR
kleines Küchenmesser
großes Küchenmesser
Schneidebrett
Holzkochlöffel

1 Zwiebel
1 Knoblauchzehe
½ Bund Petersilie
1 EL Butter
½ EL Mehl
400 ml Milch
100 g Schmelzkäse-zubereitung (Gouda)
Salz, Pfeffer
2 Prisen Muskatnuss
200 g Hörnchennudeln
100 g geriebener Käse (z. B. Mozzarella)

1. Zwiebel und Knoblauch schälen und fein hacken. Petersilie abbrausen, trocken schütteln, die Blätter abzupfen und fein hacken. Die Butter in die Omnia-Form geben und schmelzen. Zwiebel und Knoblauch dazugeben und bei großer Flamme 3 Min. anschwitzen. Mehl in die Milch einrühren, dann in die Form gießen. Schmelzkäse einrühren, mit 1 TL Salz, 2 Prisen Pfeffer und Muskatnuss würzen.

2. Nudeln und Käse einrühren und den Deckel aufsetzen. Alles 5 Min. bei großer Flamme garen, dann durchrühren. Deckel aufsetzen und 10 Min. bei mittlerer Flamme weitergaren. Kocher ausschalten und die Nudeln noch 10 Min. ziehen lassen. Auf Tellern anrichten und mit der fein gehackten Petersilie garniert servieren.

Tipp: *Bei diesem One-Pot-Gericht kann man gut improvisieren, falls eine Zutat nicht vorrätig ist, z. B. bei der Geschmacksrichtung der Schmelzkäsezubereitung oder der Nudelsorte (am besten schmecken allerdings kleine Röhrennudeln). Bei der Zugabe von frischen Kräuter können Sie mit Basilikum, Schnittlauch oder Thymian variieren.*

FETA-PASTA

OHNE KÜHLSCHRANK

MAX. 6 ZUTATEN

Für 4 Personen
Zubereitung: 20 Min.
Garen: 35 Min.
Pro Person 706 kcal,
22 g E, 34 g F, 82 g KH

ZUBEHÖR

großes Küchenmesser
Schneidebrett
großer Topf
Sieb
Gabel

200 g Feta
500 g Kirschtomaten
4 Knoblauchzehen
8 EL Olivenöl
Salz
½ TL Chiliflocken
Pfeffer
400 g Fusilli
½ Bund Basilikum

1. Den Feta quer in 4 gleich große Stücke schneiden. Die Tomaten waschen. Den Knoblauch schälen und halbieren. Tomaten, Knoblauch, 4 EL Öl und 1 TL Salz in die Omnia-Form geben und vermischen. Gleichmäßig darin verteilen und den Feta daraufsetzen. Jedes Käsestück mit 1 EL Öl, einigen Chiliflocken und 1 Prise Pfeffer bestreuen. Den Deckel aufsetzen und alles 35 Min. bei mittlerer bis großer Flamme garen oder bis der Knoblauch weich ist.

2. Inzwischen die Nudeln in reichlich Salzwasser nach Packungsanweisung bissfest garen. Das Basilikum abbrausen, trocken schütteln, Blätter abzupfen und in Streifen schneiden. Die Nudeln abgießen, dabei 100 ml vom Kochwasser auffangen. Die Nudeln in den Topf zurückgeben. Tomaten, Käse und Knoblauch mit einer Gabel zu einer mittelfeinen Sauce zerdrücken und zu den Nudeln geben. Das Kochwasser dazugeben, alles verrühren und auf Tellern anrichten. Mit Basilikum bestreuen und servieren.

KÄSESPÄTZLE

KLASSIKER ON TOUR

MAX. 6 ZUTATEN

Für 4 Personen
Zubereitung: 25 Min.
Backen: 15 Min.
Pro Person 628 kcal,
23 g E, 34 g F, 58 g KH

ZUBEHÖR
Silikonform (optional)
große Schüssel
großer Topf

1 EL Öl
200 g Sahne
2 EL Grillgewürzmischung
Salz
1 kg frische Spätzle (Kühlregal)
150 g geriebener Käse (z. B. Gouda)
8 EL Röstzwiebeln

1. Das Öl in die Omnia-Form geben und mit den Fingern am Boden und Rand verreiben oder die Silikonform einsetzen. Sahne, Gewürzmischung und 1 TL Salz in einer Schüssel verrühren. Die frischen Spätzle 1 Min. in kochendes Salzwasser geben, abgießen und tropfnass mit der Sahne vermischen.

2. Alles in die Omnia-Form geben und gleichmäßig darin verteilen. Den Käse daraufstreuen und den Deckel aufsetzen. Die Spätzle bei großer Flamme 15 Min. backen. Auf Tellern anrichten und mit Röstzwiebeln garniert servieren.

***Tipp:** Sie können auch getrocknete Spätzle verwenden. Diese erst separat nach Packungsanweisung kochen, abgießen, heiß in die Omnia-Form geben und mit der Sahnesauce vermischen. Wie oben beschrieben fortfahren.*

BLUMENKOHLAUFLAUF

Für 4 Personen
Zubereitung: 20 Min.
Backen: 35 Min.
Pro Person 426 kcal,
19 g E, 28 g F, 26 g KH

ZUBEHÖR
Sparschäler (optional)
mittelgroßer Topf
kleines Küchenmesser
großes Küchenmesser
Schneidebrett
große Schüssel
Silikonform (optional)

600 g festkochende Kartoffeln
Salz
500 g Blumenkohl
½ Bund Petersilie
150 g Schmelzkäsezubereitung (Sahne)
125 g Crème fraîche
100 ml Gemüsebrühe
100 g geriebener Käse (z. B. Emmentaler)
1 Ei (M)
3 Prisen Muskatnuss

1. Die Kartoffeln schälen, waschen und in kochendem Salzwasser 25 Min. garen. Inzwischen den Blumenkohl putzen, waschen, in kleine Röschen teilen und in kochendem Salzwasser in 10 Min. bissfest garen. Die Kartoffeln abgießen und abkühlen lassen, dann in Scheiben schneiden.

2. Petersilie abbrausen, trocken schütteln und die Blätter fein hacken. Schmelzkäse, Crème fraîche, Brühe, Käse, Ei, 1 TL Salz und Muskatnuss in einer Schüssel verrühren. Die Kartoffelscheiben und Blumenkohlröschen unter die Sauce mischen.

3. Alles in die Omnia-Form geben und gleichmäßig darin verteilen. Den Deckel aufsetzen und alles bei mittlerer Flamme 35 Min. garen. Auf Tellern anrichten und mit der fein gehackten Petersilie garniert servieren.

Tipp: *Wer nur eine Flamme hat, gibt den Blumenkohl nach 15 Min. zu den Kartoffeln und gart beides zusammen. Kartoffeln und Blumenkohl sollen ruhig noch fest sein, da sie ja anschließend noch in der Omnia-Form gebacken werden.*

KARTOFFELAUFLAUF

MAX. 6 ZUTATEN

Für 4 Personen
Zubereitung: 20 Min.
Backen: 55 Min.
Pro Person 418 kcal,
16 g E, 6 g F, 75 g KH

ZUBEHÖR
Sparschäler (optional)
kleines Küchenmesser
großes Küchenmesser
Vierkant-Küchenreibe
großer Topf
Silikonform (optional)

1 kg festkochende Kartoffeln
2 Zwiebeln
4 Eier (M)
100 g Mehl
100 g Paniermehl
Salz

1. Kartoffeln schälen, waschen, Zwiebeln schälen. Beides auf einer Reibe fein reiben. Kartoffeln, Zwiebeln, Eier, Mehl, Paniermehl und 2 TL Salz in einen Topf geben und verrühren. Die Masse unter Rühren bei mittlerer Flamme kochen, bis sie zu stocken beginnt.

2. Dann alles in die Omnia-Form geben und gleichmäßig darin verteilen. Den Deckel aufsetzen und bei mittlerer Flamme 40 Min., dann 15 Min. bei großer Flamme backen. Den Kartoffelauflauf mit Apfelmus servieren.

BROTAUFLAUF MIT TOMATEN

MAX. 6 ZUTATEN

Für 4 Personen
Zubereitung: 20 Min.
Einweichen: 30 Min.
Backen: 40 Min.
Pro Person 502 kcal,
28 g E, 27 g F, 39 g KH

ZUBEHÖR
großes Küchenmesser
Schneidebrett
große Schüssel
Silikonform (optional)

200 g altbackenes helles Brot (z. B. Baguette)
4 Eier (M)
500 ml Milch
200 g geriebener Käse (z. B. Gouda)
Salz, Pfeffer
3 Tomaten
3 Stängel Petersilie

1. Das Weißbrot in 2 cm dicke Scheiben schneiden und diese dann grob auseinanderzupfen. Eier, Milch, Käse, 1 TL Salz und 2 Prisen Pfeffer in eine Schüssel geben und glatt verrühren. Brot dazugeben und 30 Min. in der Mischung einweichen.

2. Inzwischen die Tomaten waschen, den Stielansatz herausschneiden und die Tomaten in 1 cm große Würfel schneiden. Die Petersilie abbrausen, trocken schütteln, abzupfen und fein hacken. Brot-Eier-Mischung in die Omnia-Form gießen und mit Tomatenwürfeln bestreuen. Den Deckel aufsetzen und den Brotauflauf bei großer Flamme 5 Min. backen, dann weitere 35 Min. bei mittlerer Flamme. Auflauf auf Tellern anrichten und mit Petersilie garniert servieren.

BRIAM – GRIECHISCHER GEMÜSEAUFLAUF

Für 4 Personen
Zubereitung: 35 Min.
Backen: 45 Min.
Pro Person 330 kcal, 11 g E, 19 g F, 30 g KH

ZUBEHÖR
großes Küchenmesser
Schneidebrett
Sparschäler (optional)
kleines Küchenmesser
Silikonform (optional)

2 kleine Auberginen
Salz
2 kleine Zucchini
3 mittelgroße festkochende Kartoffeln
2 rote Zwiebeln
3 Knoblauchzehen
300 g passierte Tomaten (z. B. Tetrapak)
2 EL getrockneter Oregano
Pfeffer
100 g Feta
5 EL Olivenöl

1. Die Enden der Auberginen abschneiden. Auberginen waschen, quer in dünne Scheiben schneiden und die Schnittflächen mit etwas Salz bestreuen. Auf einen Teller legen und 20 Min. beiseitestellen. Inzwischen die Enden der Zucchini abschneiden, Zucchini waschen und in dünne Scheiben schneiden. Kartoffeln schälen, waschen und in maximal ½ cm dicke Scheiben schneiden. Zwiebeln schälen und in dünne Scheiben schneiden. Knoblauch schälen und fein hacken.

2. Passierte Tomaten, Knoblauch, Oregano, 1 TL Salz und ½ TL Pfeffer in die Omnia-Form geben und verrühren. Auberginenscheiben auf Küchenpapier trocken tupfen. Alle Gemüsescheiben fächerförmig, möglichst senkrecht in die Form schichten. Den Käse etwas zerbröseln und gleichmäßig verteilt auf die Gemüsescheiben streuen. Alles mit Öl beträufeln. Den Deckel aufsetzen und den Auflauf 45 Min. bei mittlerer Flamme backen.

VEGETARISCHE MOUSSAKA

KLASSIKER ON TOUR

Für 4 Personen
Zubereitung: 45 Min.
Backen: 50 Min.
Abkühlen: 15 Min.
Pro Person 554 kcal,
22 g E, 36 g F, 37 g KH

ZUBEHÖR
Silikonform (optional)
großes Küchenmesser
Schneidebrett
große beschichtete Pfanne (Ø 30 cm)
kleines Küchenmesser
mittelgroßer Topf
Holzkochlöffel
kleine Schüssel

MOUSSAKA
2 mittelgroße Auberginen
Salz
4 EL Olivenöl
500 g mehligkochende Kartoffeln
100 g Feta

TOMATENSAUCE
1 kleine Zwiebel
1 Knoblauchzehe
2 EL Butter
Salz
400 g gehackte Tomaten (Dose)
1 EL Zucker
1 EL getrockneter Oregano
2 Eier (M)
100 g geriebener Parmesan

BÉCHAMELSAUCE
1 EL Butter
2 EL Mehl
300 ml Milch
Salz, Pfeffer
½ TL geriebene Muskatnuss

1. Die Silikonform in die Omnia-Form einlegen oder die Form mit Backpapier auskleiden. Die Auberginen waschen, putzen, quer oder längs in etwa ½ cm dicke Scheiben schneiden und salzen. In einer Pfanne nach und nach das Olivenöl erhitzen. Die Auberginen darin portionsweise bei mittlerer Hitze von beiden Seiten anbraten, bis sie leicht gebräunt sind. Die Auberginenscheiben auf einen Teller legen.

2. Für die Tomatensauce Zwiebel und Knoblauch schälen und fein hacken. Die Butter in einem Topf erhitzen. Zwiebel, Knoblauch und 1 TL Salz dazugeben und bei mittlerer Hitze unter Rühren glasig anschwitzen. Tomaten, Zucker und Oregano dazugeben und aufkochen lassen. Kocher ausstellen und die Sauce abkühlen lassen. Eier und Parmesan unter die abgekühlte Sauce rühren. Sauce in eine Schüssel umfüllen, den Topf reinigen.

3. Für die Béchamelsauce die Butter in einem Topf bei mittlerer Flamme schmelzen. Das Mehl mit einem Schneebesen einrühren, dann die Milch zügig einrühren. Die Sauce aufkochen lassen und 1 Min. unter ständigem Rühren kochen lassen. Kocher ausschalten und die Béchamel mit ½ TL Salz, 2 Prisen Pfeffer und Muskatnuss würzen.

4. Die Kartoffeln schälen, waschen und in dünne Scheiben schneiden. Feta zerkrümeln. Abwechselnd lagenweise Auberginen, Tomatensauce und Kartoffeln in die Omnia-Form schichten. Dabei den Feta dazwischenstreuen. Die Béchamelsauce gleichmäßig darauf verteilen. Den Deckel aufsetzen und 50 Min. bei mittlerer Flamme backen. Nach dem Backen für 15 Min. abkühlen lassen.

GEBACKENE EIER AUF TOMATENSAUCE

FEIN & EASY

Für 4 Personen
Zubereitung: 25 Min.
Backen: 30 Min.
Pro Person 244 kcal, 13 g E, 17 g F, 11 g KH

ZUBEHÖR
kleines Küchenmesser
großes Küchenmesser
Schneidebrett

1 große rote Paprika
2 Zwiebeln
3 Knoblauchzehen
½ Bund Koriandergrün
2 EL Olivenöl
400 g gehackte Tomaten (Dose)
Salz, Pfeffer
1 TL edelsüßes Paprikapulver
4 Eier (M)
100 g Feta

1. Die Paprika halbieren, Kerne und helle Trennhäutchen entfernen. Paprikahälften waschen und in 1 cm breite Streifen schneiden. Zwiebeln schälen, halbieren und in feine Streifen schneiden. Knoblauch schälen und in feine Scheiben schneiden. Koriandergrün abbrausen, trocken schütteln und samt Stängeln hacken.

2. Das Öl in die Omnia-Form geben. Zwiebeln, Paprika und Knoblauch in die Form geben und bei großer Flamme 5 Min. unter Rühren anschwitzen. Tomaten, 1 TL Salz, ½ TL Pfeffer und Paprikapulver dazugeben und verrühren.

3. Eier aufschlagen und direkt auf die Tomatensauce in die Form setzen. Den Deckel aufsetzen und alles 20 Min. bei mittlerer Flamme garen. Den Feta darüberbröseln, Deckel aufsetzen und weitere 10 Min. bei großer Flamme garen. Auf Tellern anrichten und mit dem gehackten Koriander garnieren. Mit frischem Baguette servieren.

QUINOA MIT KIMCHI

MAX. 6 ZUTATEN

Für 4 Personen
Zubereitung: 20 Min.
Garen: 25 Min.
Pro Person 328 kcal,
11 g E, 7 g F, 58 g KH

ZUBEHÖR
Sieb
großes Küchenmesser
Schneidebrett
Holzkochlöffel

300 g Quinoa
400 ml Gemüsebrühe
1 EL Sojasauce
1 EL Sesamöl (ersatzweise Olivenöl)
150 g Kimchi (aus dem Glas)
3 Frühlingszwiebeln

1. Quinoa heiß waschen, abtropfen lassen und in die Omnia-Form geben. Brühe mit Sojasauce und Sesamöl verrühren und zur Quinoa geben. Den Deckel aufsetzen und 5 Min. bei großer Flamme, dann 10 Min. bei mittlerer Flamme garen. Anschließend den Kocher ausschalten und die Quinoa 5 Min. ziehen lassen.

2. Inzwischen das Kimchi mittelfein hacken. Frühlingszwiebeln putzen, waschen und in feine Ringe schneiden. Kimchi und Frühlingszwiebeln zur Quinoa geben und unterheben. Den Deckel aufsetzen und alles 5 Min. bei großer Flamme, dann für 5 Min. bei mittlerer Flamme garen.

BURRITO-REIS-ROLLEN

OHNE KÜHLSCHRANK

Für 2 Personen
Zubereitung: 20 Min.
Garen: 15 Min.
Pro Person 602 kcal,
17 g E, 31 g F, 67 g KH

ZUBEHÖR
Messer
Schneidebrett
Silikonform (optional)

1 gekochtes Ei
1 Avocado
½ Bund Koriandergrün
2 Weizen-Tortillas
200 g Reis vom Vortag
Salz, Pfeffer
4 EL Chilisauce
25 g geriebener Parmesan
2 EL Olivenöl

1. Das Ei pellen und in 1 cm große Würfel schneiden. Avocado halbieren, Kern entfernen und das Fruchtfleisch mit einem Löffel aus der Schale lösen und in 1 cm große Würfel schneiden. Koriandergrün abbrausen, trocken schütteln und samt Stängeln grob hacken. Die Tortillas flach auf der Arbeitsfläche ausbreiten.

2. Je ein Viertel vom Reis mittig in einem Streifen auf den Tortillas verteilen. Darauf jeweils ein Viertel der Eier und der Avocados. Mit Salz und Pfeffer würzen. Je 2 EL Chilisauce darüberträufeln, dann mit Käse und Koriander bestreuen.

3. Die Tortillaseiten von rechts und links ein Viertel zur Mitte hin einklappen und die Tortillas von unten straff zu Wraps aufrollen. Das Olivenöl in die Omnia-Form geben und bei großer Flamme erhitzen. Die Wraps mit der Naht nach unten in die Omnia-Form legen. Den Deckel aufsetzen und sie 15 Min. bei mittlerer Flamme garen.

GEBACKENE REISPAPIERROLLEN

OHNE KÜHLSCHRANK

Für 2 Personen
Zubereitung: 35 Min.
Garen: 20 Min.
Pro Person 616 kcal,
25 g E, 35 g F, 57 g KH

ZUBEHÖR
Silikonform (optional)
kleines Küchenmesser
großes Küchenmesser
Schneidebrett
mittelgroße Pfanne

300 g grüne Bohnen
1 rote Paprika
200 g geräucherter Tofu
3 EL geröstete gesalzene Erdnüsse
4 EL Olivenöl
2 EL Sojasauce
1 EL Honig
10 Reispapierblätter

1. Die Silikonform in die Omnia-Form einlegen oder die Form mit Backpapier auskleiden. Bohnen putzen, waschen und in 1 cm lange Stücke schneiden. Die Paprika halbieren, Kerne und helle Trennhäutchen entfernen. Die Paprikahälften waschen und in 1 cm große Würfel schneiden. Den Tofu trocken tupfen und in 1 cm große Würfel schneiden. Erdnüsse fein hacken.

2. 1 EL Öl in einer Pfanne erhitzen. Bohnen und Paprika in die Pfanne geben und bei großer Flamme 5 Min. unter Rühren anschwitzen. Tofu, Erdnüsse, Sojasauce und Honig dazugeben und verrühren. Noch 1 Min. weiterkochen, dann den Kocher ausstellen.

3. Restliches Öl auf dem Boden der Omnia-Form verteilen. Reispapierblätter nacheinander 10 Sek. in kaltem Wasser einweichen, dann auf feuchten Tüchern ausbreiten. Je 2 EL Füllung mittig darauf verteilen. Die Seitenränder darüberklappen, dann von unten her aufrollen. Die Reispapierrollen mit der Naht nach unten in die Form setzen. Den Deckel aufsetzen und 5 Min. bei großer Flamme, dann 15 Min. bei mittlerer Flamme garen.

Tipp: *Damit die Reispapierblätter nicht zu weich und damit schwer zu handhaben sind, am besten immer nur zwei Blätter gleichzeitig einweichen und dann füllen.*

BROT & BRÖTCHEN

Unterwegs selbst gebackenes Brot und Brötchen genießen? Warum nicht! In der Omnia-Backform gelingt das ausgezeichnet – ob Focaccia, Pizzabrot, Roggenmischbrot mit Sauerteig, Walnussbrot mit Möhre, Milch- oder Körnerbrötchen.

ML
CUPS
FL.OZ
PINTS
1L/1000
900
800
700
30

ROGGENMISCHBROT MIT SAUERTEIG

KLASSIKER ON TOUR

Für 4 Personen
(24 Scheiben)
Zubereitung: 20 Min.
Ruhen: 2 Std.
Backen: 40 Min.
Pro Person 462 kcal,
13 g E, 3 g F, 100 g KH

ZUBEHÖR
große Rührschüssel
Geschirrhandtuch
Silikonform (optional)
kleines Küchenmesser
Gitter zum Abkühlen

25 g getrockneter Sauerteig (Supermarkt Backzutaten)
2 g frische Hefe (ersatzweise 0,6 g Trockenhefe)
300 g Roggenmehl (Type 1150)
200 g Weizenmehl (Type 550)
2 TL Salz (8 g)

AUSSERDEM
Fett für die Form

1. In eine Schüssel 360 ml Wasser (30°), Sauerteig, Hefe, die beiden Mehlsorten und das Salz geben. Die Zutaten in der Schüssel mit den Händen vermischen, bis sie zusammenhalten. Den Teig dann auf eine Arbeitsfläche geben und in 10 Min. zu einem glatten Teig kneten. Zur Kugel formen, in eine Schüssel legen und mit einem feuchten Tuch abdecken. Den Teig 1 Std. gehen lassen.

2. Inzwischen die Omnia-Form einfetten oder die Silikonform einlegen. Die Arbeitsfläche bemehlen, den Teig darauf eben ausrollen und zu einer 55 cm langen Rolle formen. Die Teigrolle in die Form legen und die Enden etwas zusammenzwicken. Die Oberfläche mit etwas Mehl abstäuben. Den Teig mit einem scharfen Messer im Abstand von 2 cm rundherum schräg einschneiden. Den Deckel aufsetzen und den Teig 1 Std. gehen lassen.

3. Den Teig anschließend bei kleiner bis mittlerer Flamme 35–40 Min. backen. Das Brot aus der Form stürzen und auf einem Gitter abkühlen lassen.

Tipp: *Sauerteig macht Teige backfähig, denn er enthält Milchsäurebakterien und Hefepilze, die für die Gärung sorgen. Der getrocknete Sauerteig aus dem Supermarkt ist sehr praktisch, denn er spart beim Brotbacken viel Zeit, die das Ansetzen von frischem Sauerteig benötigen würde.*

DINKELVOLLKORNBROT

Für 4 Personen
(24 Scheiben)
Zubereitung: 15 Min.
Ruhen: 45 Min.
Backen: 1 Std.
Pro Person 507 kcal,
21 g E, 11 g F, 85 g KH

ZUBEHÖR
Silikonform (optional)
große Rührschüssel
Holzkochlöffel
Gitter zum Abkühlen

21 g frische Hefe (ersatzweise 7 g Trockenhefe)
400 g Dinkelvollkornmehl
100 g Sonnenblumenkerne
2 EL Apfelessig
2 TL Salz (8 g)

AUSSERDEM
Fett für die Form

1. Die Omnia-Form einfetten oder die Silikonform einlegen. In eine Schüssel 400 ml Wasser, Hefe, Mehl, die Hälfte der Sonnenblumenkerne, Essig und das Salz geben. Die Zutaten in der Schüssel mit einem Kochlöffel zu einem glatten Teig verrühren.

2. Den Teig in die Form geben und gleichmäßig darin verstreichen. Mit den restlichen Sonnenblumenkernen bestreuen und den Deckel aufsetzen. Den Teig 45 Min. gehen lassen. Das Brot anschließend 5 Min. bei großer Flamme, dann 50–55 Min. bei kleiner bis mittlerer Flamme backen. Das Brot aus der Form stürzen und auf einem Gitter abkühlen lassen.

WEIZENBROT

Für 4 Personen
(24 Scheiben)
Zubereitung: 15 Min.
Ruhen: 1 Std.
Backen: 1 Std.
Pro Person 300 kcal,
10 g E, 2 g F, 62 g KH

ZUBEHÖR
Silikonform (optional)
große Rührschüssel
Holzkochlöffel
Gitter zum Abkühlen

15 g frische Hefe (ersatzweise 5 g Trockenhefe)
270 g Weizenmehl (Type 550)
50 g Weizenvollkornmehl
2 TL Salz

AUSSERDEM
Fett für die Form

1. Die Omnia-Form einfetten oder die Silikonform einlegen. In eine Schüssel 420 ml Wasser, Hefe, beide Mehlsorten und das Salz geben. Die Zutaten in der Schüssel mit einem Kochlöffel zu einem glatten Teig verrühren.

2. Den Teig in die Form geben und gleichmäßig darin verstreichen. Den Deckel aufsetzen und den Teig 1 Std. gehen lassen. Das Brot anschließend 5 Min. bei großer, dann 50–60 Min. bei kleiner bis mittlerer Flamme backen. Das Brot aus der Form stürzen und auf einem Gitter abkühlen lassen.

TOASTBROT

Für 4 Personen
(24 Scheiben)
Zubereitung: 25 Min.
Ruhen: 3 Std.
Backen: 35 Min.
Pro Person 586 kcal,
15 g E, 13 g F, 104 g KH

ZUBEHÖR
Holzkochlöffel
große Rührschüssel
Küchenhandtuch
Silikonform (optional)
Gitter zum Abkühlen

21 g frische Hefe (ersatzweise 7 g Trockenhefe)
30 g Zucker
50 g Weizenvollkornmehl
50 g weiche Butter
450 g Mehl (Type 550)
1 TL Salz

AUSSERDEM
Fett für die Form

1. In eine Schüssel 240 ml Wasser (30°), Hefe und Zucker geben und verrühren, bis sich der Zucker aufgelöst hat. Vollkornmehl und Butter dazugeben und zu einem Brei verrühren. Mehl und Salz dazugeben und mit den Händen vermischen, bis alle Zutaten zusammenhalten. Den Teig dann auf eine Arbeitsfläche geben und 10 Min. kneten. Eine Kugel daraus formen, in die Schüssel legen und mit einem feuchten Tuch abdecken. Den Teig 1 Std. gehen lassen.

2. Die Omnia-Form einfetten oder die Silikonform einlegen. Den Teig in 8 gleich große Stücke teilen und zu Kugeln formen. Die Teigkugeln in die Form legen und den Deckel aufsetzen. Den Teig 1 ½–2 Std. gehen lassen. Anschließend bei kleiner bis mittlerer Flamme 30–35 Min. backen. Das Toastbrot aus der Form stürzen und auf einem Gitter abkühlen lassen.

KNOBLAUCHBROT

KLASSIKER ON TOUR

Für 4 Personen
(24 Scheiben)
Zubereitung: 20 Min.
Ruhen: 2 Std.
Backen: 40 Min.
Pro Person 424 kcal,
12 g E, 10 g F, 74 g KH

ZUBEHÖR
großes Küchenmesser
Schneidebrett
große Rührschüssel
Geschirrhandtuch
Silikonform (optional)
Gitter zum Abkühlen

4 Knoblauchzehen
21 g frische Hefe
(ersatzweise 7 g
Trockenhefe)
2 TL Honig
1 TL getrockneter
Rosmarin

350 g Weizenmehl
(Type 550)
3 EL Olivenöl
1½ TL Kräutersalz

AUSSERDEM
Fett für die Form

1. Den Knoblauch schälen und sehr fein hacken. In eine Schüssel 210 ml Wasser, Hefe, Honig, Knoblauch und Rosmarin geben und verrühren, bis sich die Hefe aufgelöst hat. Mehl, Öl und Salz dazugeben und die Zutaten in der Schüssel mit den Händen vermischen, bis sie zusammenhalten. Den Teig dann auf eine Arbeitsfläche geben und in 10 Min. zu einem glatten Teig kneten. Eine Kugel daraus formen, in die Schüssel legen und mit einem feuchten Tuch abdecken. Den Teig 1 Std. gehen lassen.

2. Inzwischen die Omnia-Form einfetten oder die Silikonform einlegen. Die Arbeitsfläche bemehlen, den Teig daraufgeben und zu einer 55 cm langen Rolle formen. Die Teigrolle in die Form legen und die Enden etwas zusammenzwicken. Den Deckel aufsetzen und den Teig 1 Std. gehen lassen. Den Teig anschließend bei kleiner bis mittlerer Flamme 35–40 Min. backen. Das Knoblauchbrot aus der Form stürzen und auf einem Gitter abkühlen lassen.

SESAMBROT OHNE KNETEN

Für 4 Personen
(30 Scheiben)
Zubereitung: 25 Min.
Gehen: 12 Std.
Backen: 1 Std.
Pro Person 417 kcal,
12 g E, 9 g F, 74 g KH

ZUBEHÖR
große Rührschüssel
Holzkochlöffel
Teigkarte
Silikonform (optional)
Gitter zum Abkühlen

1,5 g frische Hefe
(ersatzweise 0,5 g
Trockenhefe)
380 g Weizenmehl
(Type 550)
1 ½ TL Salz
4 EL Sesam

AUSSERDEM
Pflanzenöl für die
Form und Hände

1. In eine Schüssel 280 ml Wasser, Hefe, Mehl und Salz geben. Mit einem Kochlöffel zu einem glatten Teig verrühren und mit einem Tuch abdecken. Den Teig bei Raumtemperatur 10 Std. gehen lassen.

2. Nach 10 Std. den Teig und die Arbeitsfläche gut mit Mehl bestäuben. Den Teig aus der Schüssel auf das Mehl gleiten lassen. Mithilfe einer Teigkarte unter den Teig fahren und den Teig rundherum zur Mitte hin einklappen, bis eine Teigkugel entstanden ist. Die Teigkugel umdrehen und wieder in die Schüssel legen. Abdecken und 1 Std. gehen lassen.

3. Inzwischen die Omnia-Form einfetten, Boden und Seiten mit dem Sesam bestreuen. Die Hände mit etwas Öl einreiben. Den Teig aus der Schüssel nehmen und mit einem Finger ein Loch in die Mitte vom Teig bohren. Das Loch behutsam erweitern, bis es so groß ist, dass es über die Öffnung der Omnia-Form passt. Die Hände noch einmal einölen und den Teig zügig in die Omnia-Form setzen. Den Deckel aufsetzen und den Teig 1 Std. gehen lassen. Anschließend 1 Std. bei mittlerer Flamme backen. Das Brot aus der Form stürzen und auf einem Gitter abkühlen lassen.

WALNUSSBROT MIT MÖHRE

Für 4 Personen
(24 Scheiben)
Zubereitung: 20 Min.
Ruhen: 1 Std.
Backen: 1 Std.
Pro Person 424 kcal,
18 g E, 21 g F, 85 g KH

ZUBEHÖR

Silikonform (optional)
großes Küchenmesser
Sparschäler
Vierkant-Küchenreibe
große Rührschüssel
Holzkochlöffel
Gitter zum Abkühlen

100 g Walnusskerne
1 kleine Möhre (150 g)
15 g frische Hefe (ersatzweise 5 g Trockenhefe)
1 EL Honig
250 g Dinkelvollkornmehl
150 g Weizenmehl (Type 550)
2 EL Apfelessig
8 g Salz

AUSSERDEM

Fett für die Form

1. Die Omnia-Form einfetten oder die Silikonform einlegen. Die Walnusskerne mittelfein hacken. Die Möhre schälen, waschen und fein raspeln. In eine Schüssel 400 ml Wasser (30°), Hefe, Honig, Möhre und die Walnüsse geben und verrühren, bis sich die Hefe aufgelöst hat. Die beiden Mehlsorten, Essig und Salz dazugeben und mit einem Kochlöffel zu einem glatten Teig verrühren.

2. Den Teig in die Form geben und gleichmäßig darin verstreichen. Den Deckel aufsetzen und den Teig 1 Std. gehen lassen. Anschließend das Brot 5 Min. bei großer Flamme, dann 55 Min. bei kleiner bis mittlerer Flamme backen. Das Walnussbrot aus der Form stürzen und auf einem Gitter abkühlen lassen.

FOCACCIA

KLASSIKER ON TOUR

MAX. 6 ZUTATEN

Für 4 Personen
(8 Stücke)
Zubereitung: 35 Min.
Ruhen: 4 Std. 30 Min.
Backen: 35 Min.
Pro Person 676 kcal,
13 g E, 30 g F, 91 g KH

ZUBEHÖR
2 große Rührschüsseln
Schneebesen
Holzkochlöffel
Geschirrhandtuch
Silikonform (optional)
Küchenmesser

15 g frische Hefe (ersatzweise 5 g Trockenhefe)
2 TL Honig
450 g Weizenmehl (Type 550)
1½ TL Salz
8 EL Olivenöl
4 EL Butter
1 EL grobes Meersalz
2 Knoblauchzehen

1. In eine Schüssel 350 ml Wasser, Hefe und Honig geben und verrühren, bis sich die Hefe aufgelöst hat. Mehl und Salz dazugeben und mit dem Kochlöffel zu einem glatten Teig verrühren. In eine weitere Schüssel 4 EL Öl geben. Den Teig in die Schüssel umfüllen und im Öl wenden. Mit einem feuchten Tuch abdecken und den Teig 4 Std. gehen lassen.

2. Die Omnia-Form mit 2 EL Butter und 1 EL vom Öl einfetten. Die Hände mit 1 EL vom Öl einreiben. Den Teig zu einem 50 cm langen Strang ziehen und in die Omnia-Form legen. Den Teig, ohne ihn abzudecken, 30 Min. gehen lassen.

3. Mit Daumen und Zeigefinger mehrfach in den Teig stechen, um kleine Krater zu erzeugen. Gleichmäßig mit dem groben Salz bestreuen und mit restlichem Öl beträufeln. Den Deckel aufsetzen und die Focaccia bei kleiner Flamme 35 Min. backen.

4. Inzwischen restliche Butter in einem Topf schmelzen. Den Knoblauch schälen und direkt in die Butter pressen. Die Focaccia nach dem Backen sofort in der Form mit der Knoblauchbutter einstreichen und abkühlen lassen.
Die Focaccia schmeckt am besten an dem Tag, an dem sie gemacht wurde.

GEFÜLLTES PIZZABROT

Für 4 Personen
(20 Scheiben)
Zubereitung: 25 Min.
Ruhen: 2 Std.
Backen: 1 Std.
Pro Person 566 kcal,
29 g E, 14 g F, 82 g KH

ZUBEHÖR
große Rührschüssel
Silikonform (optional)
kleines Küchenmesser
Schneidebrett
großes Küchenmesser
Nudelholz (optional)

15 g frische Hefe
(ersatzweise
5 g Trockenhefe)
400 g Mehl
2 ½ TL Salz
4 Tomaten
Pfeffer
1 EL Oregano
150 g Kochschinken
200 g geriebener
Käse (z. B. Mozzarella)

AUSSERDEM
Fett für die Form

1. In eine Schüssel 240 ml Wasser, Hefe, Mehl und 1 ½ TL Salz geben. Die Zutaten in der Schüssel mit den Händen vermischen, bis sie zusammenhalten. Den Teig dann auf eine Arbeitsfläche geben und in 10 Min. zu einem glatten Teig kneten. Eine Kugel daraus formen, in die Schüssel legen und mit einem feuchten Tuch abdecken. Den Teig 1 Std. gehen lassen.

2. Inzwischen die Omnia-Form einfetten oder die Silikonform einlegen. Die Tomaten waschen, den Stielansatz herausschneiden und die Tomaten fein hacken. Gehackte Tomaten, 1 TL Salz, ½ TL Pfeffer und Oregano in einer Schüssel verrühren. Schinken in feine Würfel schneiden und zusammen mit dem Käse unter die Tomatensauce rühren.

3. Den Teig auf einer bemehlten Arbeitsfläche zu einem 50 x 30 cm großen Rechteck ausrollen oder ausziehen. Die Tomatenmasse gleichmäßig darauf verstreichen, dabei einen 2 cm breiten Rand frei lassen. Den Teig von unten nach oben aufrollen und in die Omnia-Form legen. Die Enden leicht zusammenzwicken. Den Deckel aufsetzen und den Teig 1 Std. gehen lassen. Die Teigrolle anschließend bei kleiner bis mittlerer Flamme 1 Std. backen. Das gefüllte Pizzabrot aus der Form stürzen und warm servieren.

FLADENBROT

MAX. 6 ZUTATEN

KLASSIKER ON TOUR

Für 4 Personen
(4 Stücke)
Zubereitung: 25 Min.
Ruhen: 1 Std. 30 Min.
Backen: 30 Min.
Pro Person 318 kcal,
8 g E, 7 g F, 56 g KH

ZUBEHÖR
große Rührschüssel
Holzkochlöffel
Geschirrhandtuch
Silikonform (optional)
Gitter zum Abkühlen

12 g frische Hefe
(ersatzweise 4 g
Trockenhefe)
15 g Honig
275 g Mehl
2 EL Olivenöl
1 TL Salz
1 TL Schwarzkümmel

AUSSERDEM
Fett für die Form

1. In eine Schüssel 150 ml Wasser (30°), Hefe und Honig geben und mit einem Kochlöffel verrühren, bis sich die Hefe aufgelöst hat. Mehl, Öl und Salz dazugeben und alle Zutaten in der Schüssel mit den Händen vermischen, bis sie zusammenhalten. Den Teig dann auf eine Arbeitsfläche geben und in 5 Min. zu einem glatten Teig kneten. Eine Kugel daraus formen, in die Schüssel legen und mit einem feuchten Tuch abdecken. Den Teig für 1 Std. gehen lassen.

2. In der Zwischenzeit die Omnia-Form einfetten oder die Silikonform einlegen. Den Teig aus der Schüssel nehmen, auf der leicht bemehlten Arbeitsfläche etwas durchkneten und zu einer 55 cm langen Rolle formen. Mit dem Handballen auf ca. 1 cm flach drücken.

3. Den länglichen Teigfladen in die Form legen. Die Finger mit Mehl bestäuben und Dellen in den Teig drücken. Die Teigoberfläche mit etwas Wasser dünn einstreichen. Gleichmäßig mit dem Schwarzkümmel bestreuen. Den Deckel aufsetzen und den Teig 30 Min. gehen lassen. Anschließend bei kleiner Flamme 30 Min. backen. Das Fladenbrot aus der Form stürzen und auf einem Gitter abkühlen lassen.

MILCHBRÖTCHEN

MAX. 6 ZUTATEN

Für 4 Personen
(10 Stück)
Zubereitung: 25 Min.
Ruhen: 2 Std. 30 Min.
Backen: 25 Min.
Pro Person 578 kcal,
16 g E, 18 g F, 90 g KH

ZUBEHÖR
Messbecher
kleiner Topf
große Rührschüssel
Schneebesen
Geschirrhandtuch
Silikonform (optional)

200 ml Milch
60 g Butter
40 g Zucker
1 Ei (M)
15 g frische Hefe (ersatzweise 5 g Trockenhefe)
400 g Weizenmehl (Type 550)
½ TL Salz

AUSSERDEM
Fett für die Form

1. Milch und Butter in einen Topf geben und die Milch erwärmen, bis die Butter geschmolzen ist. Sofort in eine Schüssel umfüllen und lauwarm abkühlen lassen. Zucker und Ei dazugeben und glatt rühren, dann die Hefe dazugeben und verrühren, bis sich die Hefe aufgelöst hat. Mehl und Salz dazugeben und alle Zutaten in der Schüssel mit den Händen vermischen, bis sie zusammenhalten. Den Teig dann auf eine Arbeitsfläche geben und in 10 Min. zu einem glatten Teig kneten. Den Teig zur Kugel formen, in die Schüssel legen und mit einem feuchten Tuch abdecken. Den Teig 1 Std. gehen lassen.

2. Inzwischen die Omnia-Form einfetten oder die Silikonform einlegen. Den Teig auf die leicht bemehlte Arbeitsfläche geben und in 10 gleich große Portionen teilen. Den Teig zu Kugeln formen und in die Form legen. Den Deckel aufsetzen und 1–1 ½ Std. gehen lassen. Die Brötchen anschließend bei mittlerer Flamme 20–25 Min. backen. Die Brötchen aus der Form stürzen und auf einem Gitter abkühlen lassen. Nach dem Abkühlen an den Nahtstellen auseinanderbrechen.

MINI-KÖRNER-BRÖTCHEN

Für 4 Personen
(8 Stück)
Zubereitung: 20 Min.
Ruhen: 55 Min.
Backen: 35 Min.
Pro Person 546 kcal,
18 g E, 8 g F, 102 g KH

ZUBEHÖR
große Rührschüssel
Silikonform (optional)
2 kleine Schalen
Gitter zum Abkühlen

12 g frische Hefe
1 EL Honig
500 g Weizenmehl (Type 550)
1½ TL Salz
1 EL Mohn
1 EL Kürbiskerne
1 EL Sesam
1 EL Leinsamen
1 Eigelb

AUSSERDEM
Fett für die Form

1. In eine Schüssel 300 ml Wasser (30°), Hefe und den Honig geben und verrühren, bis sich die Hefe aufgelöst hat. Mehl und Salz dazugeben und alle Zutaten in der Schüssel mit den Händen vermischen, bis sie zusammenhalten. Den Teig dann auf eine Arbeitsfläche geben und in 10 Min. zu einem glatten Teig kneten. Den Teig 10 Min. ruhen lassen.

2. Inzwischen die Omnia-Form einfetten oder die Silikonform einlegen. Den Teig auf der leicht bemehlten Arbeitsfläche in 8 gleich große Portionen teilen, zu Kugeln formen und in die Form legen. Den Deckel aufsetzen und 45 Min. gehen lassen.

3. Inzwischen die Körner und Samen in einer Schale vermischen. Das Eigelb mit 1 EL Wasser glatt rühren. Die Oberfläche der Brötchen damit einstreichen und die Körner und Samen daraufstreuen. Die Brötchen anschließend bei großer Flamme 5 Min., dann 30 Min. auf mittlerer Flamme backen. Die Brötchen aus der Form stürzen und auf einem Gitter abkühlen lassen. Nach dem Abkühlen an den Nahtstellen auseinanderbrechen.

KUCHEN & DESSERTS

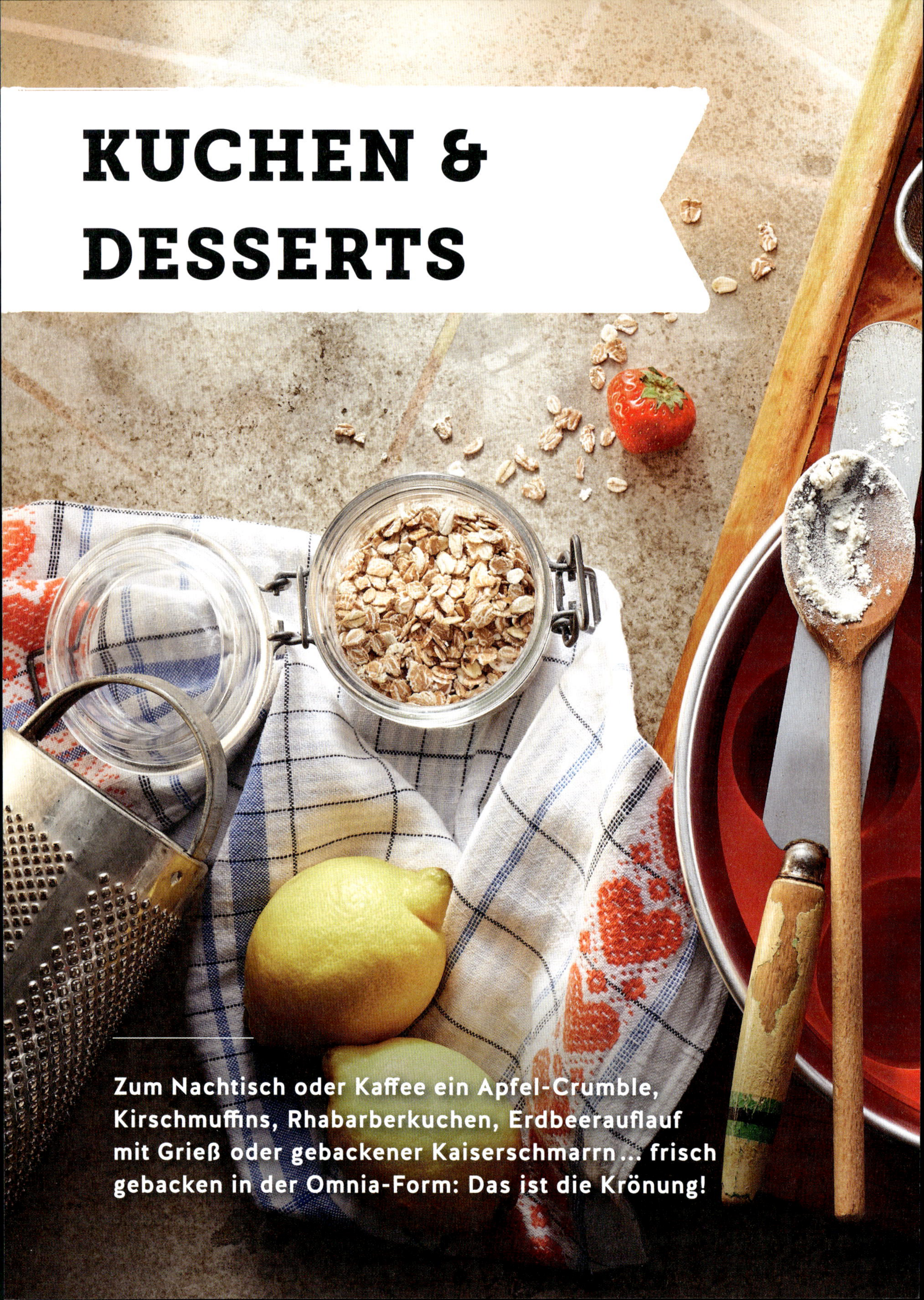

Zum Nachtisch oder Kaffee ein Apfel-Crumble, Kirschmuffins, Rhabarberkuchen, Erdbeerauflauf mit Grieß oder gebackener Kaiserschmarrn … frisch gebacken in der Omnia-Form: Das ist die Krönung!

MARMORKUCHEN

Für 4 Personen
(16 Stücke)
Zubereitung: 20 Min.
Backen: 45 Min.
Pro Person 934 kcal,
16 g E, 47 g F, 112 g KH

ZUBEHÖR
Silikonform (optional)
große Rührschüssel
Schneebesen
Holzkochlöffel
Gabel

3 Eier (M)
150 g Zucker
190 g weiche Butter
90 ml Milch
2 TL Vanilleextrakt
1 EL Rum

375 g Mehl
2 TL Backpulver
2 EL Kakao

AUSSERDEM
Fett für die Form

1. Die Omnia-Form einfetten oder die Silikonform einlegen. Eier, 130 g Zucker, Butter, 70 ml Milch, Vanilleextrakt und Rum in eine Schüssel geben und mit einem Schneebesen hellcremig rühren. Mehl mit Backpulver mischen. Mehl und Backpulver zu der Eiermasse geben und alles zügig zu einem cremigen Teig verrühren. Die Hälfte des Teiges in die Omnia-Form geben und gleichmäßig darin verstreichen

2. Kakao, restliche Milch und übrigen Zucker in die Schüssel geben und mit der zweiten Hälfte Teig verrühren. Den Schoko-Teig auf dem hellen Teig verstreichen, dann mit einer Gabel den Teig kreisförmig unterheben, sodass das typische Marmormuster entsteht. Den Deckel aufsetzen und den Teig 45 Min. auf kleiner bis mittlerer Flamme backen.

***Tipp:** Sollte beim Verrühren von Eiern und Butter die Masse gerinnen oder ausflocken, einfach 1–2 EL vom Mehl dazugeben und kräftig verrühren.*

ZITRONENKUCHEN

KLASSIKER ON TOUR

FEIN & EASY

Für 4 Personen
(16 Stücke)
Zubereitung: 20 Min.
Backen: 55 Min.
Abkühlen: 10 Min.
Pro Person 1160 kcal,
16 g E, 61 g F, 137 g KH

ZUBEHÖR
Silikonform (optional)
große Schüssel
Schneebesen
Holzkochlöffel
Holzstäbchen (10 cm)

250 g weiche Butter
250 g Zucker
1 TL abgeriebene Schale von 1 Bio-Zitrone
5 Eier (M)
250 g Mehl
2 TL Backpulver
100 ml frisch gepresster Zitronensaft
100 g Puderzucker zum Tränken

AUSSERDEM
Fett für die Form

1. Die Omnia-Form einfetten oder die Silikonform einlegen. Butter, Zucker und Zitronenschale in eine Schüssel geben und mit einem Schneebesen hellcremig rühren. Eier nach und nach unterrühren. Mehl mit Backpulver mischen und nach und nach mit einem Kochlöffel mit der Eiermasse zu einem cremigen Teig verrühren.

2. Den Teig in die Form füllen und gleichmäßig darin verstreichen. Den Deckel aufsetzen und den Teig 55 Min. bei kleiner bis mittlerer Flamme backen. Nach dem Backen den Kuchen 10 Min. in der Form abkühlen lassen, dann aus der Form stürzen. Zitronensaft und Puderzucker verrühren. Kuchen mit einem Holzstäbchen mehrmals einstechen und mit der Zitronensaft-Mischung beträufeln.

Tipp: *Man kann den Zitrusgeschmack des Kuchens noch ein wenig vertiefen, indem man zusätzlich jeweils 3 EL frisch gepressten Orangensaft unter den Teig und unter den Puderzucker für den Zitronenguss rührt.*

BUTTERMILCH-BUTTERKUCHEN

FEIN & EASY

Für 4 Personen
(16 Stücke)
Zubereitung: 20 Min.
Backen: 1 Std.
Pro Person 1203 kcal,
18 g E, 60 g F, 150 g KH

ZUBEHÖR
Silikonform (optional)
große Rührschüssel
Schneebesen
Holzkochlöffel

TEIG
320 g Zucker
200 ml Buttermilch
190 g weiche Butter
4 Eier (M)
2 TL Vanilleextrakt
Salz
325 g Mehl
2 TL Backpulver

SIRUP
60 g Butter
150 g Zucker
2 TL Vanilleextrakt

AUSSERDEM
Fett für die Form
2 EL Puderzucker

1. Die Omnia-Form einfetten oder die Silikonform einlegen. Zucker, Buttermilch, Butter, Eier, Vanilleextrakt und 1 Prise Salz in eine Schüssel geben und mit einem Schneebesen verrühren. Die Butter wird sich nicht ganz auflösen und in kleinen Stückchen in der Masse bleiben, das ist gut so. Mehl und Backpulver dazugeben und mit einem Kochlöffel zu einem weichen Teig verrühren. Den Teig in die Form füllen und gleichmäßig darin verstreichen. Den Deckel aufsetzen und den Teig 55–60 Min. auf kleiner bis mittlerer Flamme backen.

2. Inzwischen für den Sirup Butter, Zucker und Vanilleextrakt mit 50 ml Wasser in einen Topf geben, aufkochen und 1 Min. kochen lassen. Den gebackenen Kuchen mit einem Holzspieß gleichmäßig verteilt etwa 40-mal ein-, aber nicht durchstechen. Die Hälfte vom Sirup auf dem Kuchen verteilen und einziehen lassen. Den Kuchen abkühlen lassen, dann aus der Form auf einen Teller stürzen. Restlichen Sirup auf der Kuchenoberfläche mit einem Löffel verstreichen.

***Tipp:** Gerade im Ausland ist es nicht immer einfach, Buttermilch zu kaufen. Wer keine bekommt, kann auch 100 ml Milch mit 100 g Joghurt verrühren und als Ersatz verwenden.*

SCHWEDISCHER SCHOKOKUCHEN

FEIN & EASY

Für 4 Personen
(16 Stücke)
Zubereitung: 30 Min.
Backen: 50 Min.
Abkühlen: 10 Min.
Pro Person 1205 kcal,
16 g E, 55 g F, 163 g KH

ZUBEHÖR
Silikonform (optional)
kleiner Topf
große Rührschüssel
Schneebesen

TEIG
160 g Butter
320 g Zucker
4 Eier (M)
240 g Mehl
25 g Kakaopulver
2 TL Backpulver

GLASUR
25 ml frisch gebrühter Kaffee
40 g weiche Butter
125 g Puderzucker
1 ½ EL Kakaopulver
1 TL Vanilleextrakt

AUSSERDEM
Fett für die Form
3 EL Kokosraspel

1. Die Omnia-Form einfetten oder die Silikonform einlegen. Butter mit 160 ml Wasser in einen Topf geben, aufkochen und abkühlen lassen. Zucker und Eier in eine Schüssel geben und mit einem Schneebesen hellcremig rühren. Mehl mit Kakao und Backpulver mischen und mit Zucker und Eiern verrühren. Die Butter-Wasser-Mischung dazugeben, alles zu einem glatten Teig verrühren. Den Teig in die Form füllen und gleichmäßig darin verstreichen. Den Deckel aufsetzen und den Teig 50 Min. bei kleiner bis mittlerer Flamme backen.

2. Inzwischen für die Glasur Kaffee und Butter in einen Topf geben und erwärmen, bis die Butter geschmolzen ist. Puderzucker, Kakao und Vanilleextrakt dazugeben und alles zu einem glatten Guss verrühren. Den Kuchen in der Form 20 Min. abkühlen lassen, dann aus der Form stürzen. Die Glasur gleichmäßig auf dem Kuchen verstreichen, ca. 10 Min. abkühlen lassen, dann mit den Kokosraspeln bestreuen und vollständig abkühlen lassen.

KIRSCHMUFFINS

FEIN & EASY

Für 4 Personen
(6 Stück)
Zubereitung: 30 Min.
Backen: 40 Min.
Pro Person 360 kcal,
7 g E, 19 g F, 41 g KH

ZUBEHÖR
Omnia-Muffinform
kleines Küchenmesser
großes Küchenmesser
große Rührschüssel
Schneebesen
Holzkochlöffel

100 g Süßkirschen
30 g Zartbitterschokolade
55 g weiche Butter
40 g Puderzucker
1 TL Vanilleextrakt
Salz
1 Ei (M)
85 g Mehl
2 EL gemahlene Mandeln
1 ½ EL Kakaopulver
1 TL Backpulver
40 ml Milch

AUSSERDEM
Fett für die Form
2 EL Puderzucker

1. Die Muffinform in die Omnia-Form einlegen. Kirschen waschen und entkernen. Schokolade fein hacken. Butter mit Puderzucker, Vanilleextrakt und 1 Prise Salz in eine Schüssel geben und mit einem Schneebesen hellcremig rühren. Die Eier nach und nach unterrühren.

2. Mehl mit Mandeln, Kakao und Backpulver mischen. Die Mehlmischung im Wechsel mit der Milch in die Schüssel zur Eimasse geben und alles zu einem cremigen Teig verrühren. Zum Schluss Kirschen und Schokostückchen unterheben. Den Teig in die Muffinform füllen und den Deckel aufsetzen. Teig in 40 Min. auf kleiner bis mittlerer Flamme zu Muffins backen.

SCHOKOMUFFINS VEGAN

OHNE KÜHLSCHRANK

MAX. 6 ZUTATEN

Für 4 Personen
(6 Stück)
Zubereitung: 15 Min.
Backen: 45 Min.
Pro Person 374 kcal,
4 g E, 15 g F, 57 g KH

ZUBEHÖR

Omnia-Muffinform
großes Küchenmesser
Schneidebrett
große Rührschüssel
Holzkochlöffel

50 g Zartbitterschokolade
100 g Mehl
100 g Zucker
2 EL Kakaopulver
2 TL Backpulver
Salz
4 EL Sonnenblumenöl
1 EL Apfelessig

AUSSERDEM

2 EL Puderzucker

1. Die Muffinform in die Omnia-Form einlegen. Schokolade fein hacken. Mehl, Zucker, Kakao, Backpulver und 1 Prise Salz in einer Schüssel verrühren. 120 ml Wasser, Öl und Essig dazugeben und alles zügig zu einem glatten Teig verrühren.

2. Gehackte Schokolade unterheben und den Teig in die Muffinform füllen. Den Deckel aufsetzen und den Teig in 45 Min. auf kleiner bis mittlerer Flamme zu Muffins backen. Die Schokomuffins vor dem Servieren mit Puderzucker bestreuen.

APFEL-CRUMBLE

KLASSIKER ON TOUR

Für 4 Personen
Zubereitung: 25 Min.
Backen: 40 Min.
Pro Person 878 kcal,
8 g E, 44 g F, 116 g KH

ZUBEHÖR
Silikonform (optional)
Sparschäler (optional)
kleines Küchenmesser
großes Küchenmesser
Schneidebrett
große Pfanne
große Schüssel

APFELMASSE
5 Äpfel (z. B. Braeburn)
100 g Butter
100 g Zucker
2 TL Vanilleextrakt
1 TL Zimtpulver

STREUSEL
100 g kalte Butter
200 g Mehl
50 g Haferflocken
50 g Zucker
¼ TL Backpulver
Salz
¼ TL Zimtpulver

AUSSERDEM
Fett für die Form

1. Die Omnia-Form einfetten oder die Silikonform einlegen. Äpfel schälen, vierteln, entkernen und quer in dünne Scheiben schneiden. Butter, Zucker, Vanilleextrakt, Zimt und Äpfel in eine Pfanne geben und bei mittlerer Flamme erhitzen, bis die Butter geschmolzen und der Zucker aufgelöst ist. Einen Deckel aufsetzen und alles 5 Min. bei mittlerer Flamme köcheln lassen. Den Deckel abnehmen und noch 5 Min. weiterkochen lassen. Die Apfelmasse dann gleichmäßig in die Omnia-Form füllen.

2. Für die Streusel die Butter in kleine Würfel schneiden und zügig mit Mehl, Haferflocken, Zucker, Backpulver, 1 Prise Salz und dem Zimt zu Streuseln verarbeiten. Dafür die Masse zwischen den Handflächen reiben, bis sie zu Streuseln zusammenhält. Streusel auf der Apfelmasse verteilen, den Deckel aufsetzen und 35-40 Min. auf mittlerer Flamme zum Crumble backen.

RHABARBERKUCHEN MIT JOGHURT

MAX. 6 ZUTATEN

Für 4 Personen
(16 Stücke)
Zubereitung: 20 Min.
Backen: 1 Std.
Pro Person 848 kcal,
14 g E, 44 g F, 100 g KH

ZUBEHÖR
Silikonform (optional)
kleines Küchenmesser
große Rührschüssel
Schneebesen

300 g Rhabarber
165 g Butter
165 g Zucker
1 Pck. Vanillezucker
Salz
3 Eier (M)
150 g griechischer Joghurt
270 g Mehl
½ Pck. Backpulver

AUSSERDEM
Fett für die Form

1. Die Omnia-Form einfetten oder die Silikonform einlegen. Rhabarber waschen, schälen und in 1 cm breite Stücke schneiden. Butter, Zucker, Vanillezucker und 1 Prise Salz in eine Schüssel geben und mit einem Schneebesen hellcremig rühren. Die Eier nach und nach einrühren, dann den Joghurt einrühren.

2. Mehl mit Backpulver mischen, zur Eimasse geben und alles zu einem cremigen Teig verrühren. Drei Viertel vom Rhabarber unter den Teig rühren und in die Form füllen. Restlichen Rhabarber daraufstreuen und den Deckel aufsetzen. Den Teig in 55-60 Min. auf kleiner bis mittlerer Flamme zum Rhabarberkuchen backen.

Tipp: *Dieses Universalrezept für einen Rührkuchen mit Obst ist nicht auf Rhabarber begrenzt. Je nach Saison kann anderes Obst verwendet werden, das eine ähnliche Konsistenz wie Rhabarber hat. Versuchen Sie auch Äpfel, Birnen, Aprikosen, Pfirsiche, Zwetschgen oder Pflaumen.*

KÄSEKUCHEN OHNE BODEN

Für 4 Personen (8 Stücke)
Zubereitung: 20 Min.
Backen: 50 Min.
Abkühlen: 6 Std.
Pro Person 213 kcal, 23 g E, 6 g F, 16 g KH

ZUBEHÖR
Silikonform
Vierkant-Küchenreibe
2 große Rührschüsseln
Schneebesen

½ Bio-Zitrone
3 Eier (M)
120 g Zucker
Salz
1 TL Vanilleextrakt
500 g Magerquark
1 Pck. Vanillepuddingpulver
1 EL Mehl

AUSSERDEM
Fett für die Form

1. Die Silikonform in die Omnia-Form einlegen. Die Zitrone heiß waschen, trocken tupfen, die Schale fein abreiben und den Saft auspressen. Die Eier trennen. Die Eiweiße mit einem Schneebesen schaumig aufschlagen. Weiter zu festem Eischnee aufschlagen und dabei 100 g Zucker einrieseln lassen.

2. Die Eigelbe mit 20 g Zucker, 1 Prise Salz und Vanilleextrakt glatt rühren. Quark, Puddingpulver, Mehl, Zitronensaft und -schale dazugeben und glatt rühren. Den Eischnee unterheben und die Masse vorsichtig in die Form füllen. Den Deckel aufsetzen und den Teig 50 Min. auf mittlerer Flamme backen. Den Kuchen in der Form mindestens 6 Std. auskühlen und ruhen lassen, damit er nicht zerfällt. Dazu schmeckt Rote Grütze besonders gut.

***Tipp:** Zum Auspressen der Zitrone die Zitrone halbieren. Mit einer Gabel in das Fruchtfleisch stechen und den Saft mit der Hand auspressen. Dabei die Gabel hin und her drücken.*

KOKOSKUCHEN VEGAN

FEIN & EASY

Für 4 Personen
(16 Stücke)
Zubereitung: 20 Min.
Backen: 55 Min.
Abkühlen: 20 Min.
Pro Person 902 kcal,
11 g E, 34 g F, 140 g KH

ZUBEHÖR
Silikonform (optional)

TEIG
1 Zitrone
300 g Mehl
150 g Zucker
50 g Kokosraspel
½ Pck. Backpulver
Salz
400 ml Kokosmilch (Dose)
1 TL Vanilleextrakt

GUSS
150 g Puderzucker
1 EL Kokosraspel

AUSSERDEM
Fett für die Form

1. Die Omnia-Form einfetten oder die Silikonform einlegen. Zitrone auspressen und 25 ml vom Zitronensaft für den Guss beiseitestellen. Mehl, Zucker, Kokosraspel, Backpulver und 1 Prise Salz in eine Schüssel geben und verrühren. Kokosmilch, Zitronensaft und Vanilleextrakt dazugeben und alles zu einem glatten Teig verrühren.

2. Den Teig in die Form füllen, den Deckel aufsetzen und den Teig in 55 Min. auf kleiner Flamme zum Kokoskuchen backen. Den Kuchen anschließend 20 Min. in der Form abkühlen lassen, erst dann aus der Form stürzen. Für den Guss Puderzucker mit 25 ml Zitronensaft verrühren. Den Guss auf dem ausgekühlten Kuchen verteilen und mit Kokosraspeln bestreuen. Den Guss fest werden lassen.

SÜSSER ERDBEER-AUFLAUF MIT GRIESS

FEIN & EASY

Für 4 Personen
Zubereitung: 20 Min.
Backen: 40–50 Min.
Abkühlen: 20 Min.
Pro Person 478 kcal,
25 g E, 16 g F, 57 g KH

ZUBEHÖR
Silikonform (optional)
Backpapier
kleines Küchenmesser
große Rührschüssel
Schneebesen

250 g Erdbeeren
50 g weiche Butter
+ 1 EL Butter
50 g Zucker
1 Pck. Vanillezucker
Salz
2 Eier (M)
500 g Magerquark
1 Pck. Vanillepuddingpulver
1 Pck. Backpulver
125 g Weizengrieß

AUSSERDEM
Puderzucker zum Bestäuben

1. Die Silikonform in die Omnia-Form einlegen oder die Form mit Backpapier auskleiden. Erdbeeren waschen, trocken tupfen, putzen und halbieren. 50 g Butter, Zucker, Vanillezucker, 1 Prise Salz und Eier in einer Schüssel mit dem Schneebesen zu einer glatten Masse verrühren. Quark, Puddingpulver und Backpulver unterrühren. Den Grieß einrieseln lassen und gründlich unterrühren.

2. Den Teig in die Form füllen. Die Erdbeeren auf dem Teig verteilen und etwas hineindrücken. Mit 1 EL Butter in Flöckchen belegen und den Deckel aufsetzen. Den Auflauf 40–50 Min. auf kleiner bis mittlerer Flamme backen. Anschließend 20 Min. in der Form abkühlen lassen.

3. Einen großen Teller umgedreht auf die Omnia-Form legen. Teller und Form fest aneinanderpressen und zügig umdrehen. Den Auflauf aus der Form auf den Teller gleiten lassen, mit Puderzucker bestäuben und lauwarm oder kalt servieren.

GEBACKENER KAISERSCHMARRN

Für 4 Personen
Zubereitung: 20 Min.
Backen: 25 Min.
Pro Person 393 kcal,
9 g E, 18 g F, 48 g KH

ZUBEHÖR
2 große Rührschüsseln
Schneebesen
2 Gabeln

4 Eier (M)
110 g Zucker
150 g Mehl
220 ml Milch
2 TL Vanilleextrakt
Salz
25 g Rosinen
50 g Butter

AUSSERDEM
Puderzucker zum Bestäuben

1. Eier trennen. Das Eiweiß mit einem Schneebesen schaumig aufschlagen. Weiter zu festem Eischnee aufschlagen und dabei 60 g Zucker einrieseln lassen. Eigelbe, Mehl, Milch, Vanilleextrakt und 1 Prise Salz in einer Schüssel verrühren. Eischnee und Rosinen unterheben. Die Butter in die Omnia-Form geben und bei mittlerer Flamme schmelzen. Die Butter in der Form verteilen, dann den Teig hineingießen. Den Deckel aufsetzen und den Teig 10 Min. bei kleiner Flamme stocken lassen.

2. Nach 10 Min. den Teig mit zwei Gabeln zerteilen, dabei den festen Teig vom Formboden lösen und mit dem noch weichen Teig mischen. Mit 50 g Zucker bestreuen und weitere 5 Min. backen. Erneut mit den Gabeln zerteilen und in weiteren 5–10 Min. fertig backen. Den Kaiserschmarrn mit Puderzucker bestäuben und lauwarm mit Kompott oder Apfelmus servieren.

REGISTER

F

G

H

I/J

K

L

M

O/P/Q

R

S

LIEBE LESERINNEN UND LESER,

wir wollen Ihnen mit diesem Buch Informationen und Anregungen geben, um Ihnen das Leben zu erleichtern oder Sie zu inspirieren, Neues auszuprobieren. Wir achten bei der Erstellung unserer Bücher auf Aktualität und stellen höchste Ansprüche an Inhalt und Gestaltung. Alle Anleitungen und Rezepte werden von unseren Autoren, jeweils Experten auf ihren Gebieten, gewissenhaft erstellt und von unseren Redakteur*innen mit größter Sorgfalt ausgewählt und geprüft.

Haben wir Ihre Erwartungen erfüllt? Sind Sie mit diesem Buch und seinen Inhalten zufrieden? Wir freuen uns auf Ihre Rückmeldung. Und wir freuen uns, wenn Sie diesen Titel weiterempfehlen, in Ihrem Freundeskreis oder bei Ihrem Online-Kauf.

Sollten wir Ihre Erwartungen so gar nicht erfüllt haben, tauschen wir Ihnen Ihr Buch jederzeit gegen ein gleichwertiges zum gleichen oder ähnlichen Thema um.

KONTAKT ZUM LESERSERVICE

GRÄFE UND UNZER VERLAG
Grillparzerstraße 8
81675 München
www.gu.de

IMPRESSUM

GU ist eine eingetragene Marke der GRÄFE UND UNZER VERLAG GmbH, www.gu.de

ISBN 978-3-8338-8445-0
5. Auflage 2025

Projektleitung: Melanie Loser
Text Einleitung: Gerrit ten Bloemendal
Lektorat: Petra Bachmann
Koordination: bookwise GmbH
Bildredaktion: bookwise GmbH
Gesamtgestaltung: independent Medien-Design, Horst Moser, München; ki36 Editorial Design, Sabine Krohberger, München
Umschlaggestaltung: ki36 Editorial Design, Sabine Krohberger, München
Herstellung: Petra Roth
Satz: bookwise GmbH
Reproduktion: Lanarepro S.r.l, Lana
Druck und Bindung: PRINTER TRENTO S.r.l, Trento

Umwelthinweis

Nachhaltigkeit ist uns sehr wichtig. Der Rohstoff Papier ist in der Buchproduktion hierfür von entscheidender Bedeutung. Daher ist dieses Buch auf PEFC-zertifiziertem Papier gedruckt. PEFC garantiert, dass ökologische, soziale und ökonomische Aspekte in der Verarbeitungskette unabhängig überwacht werden und lückenlos nachvollziehbar sind.

Bildnachweis

Cover: Jan Brettschneider; innen alle Bilder von Katrin Winner außer: Getty Images S. 2, 5, 8, 12, 13, 15, 28, 32, 38, 46, 54, 70, 86, 112, 120, 142; Adobe Stock S. 14, 36, 72, 94, 148; Icons: The Noun Project

Syndication
www.imageprofessionals.com

Der Autor

Nico Stanitzok ist diätetisch geschulter Koch, Kochbuchautor, Blogger – und leidenschaftlicher Camper. Ob drinnen oder draußen gekocht: Er liebt unkomplizierte Rezepte, besonders, wenn sie obendrein noch gesund und lecker sind. Mehr von ihm unter www.nicostanitzok.de

Die Fotografin

Die Fotografin Katrin Winner verbindet ihre Passion für gutes Essen mit ihrer künstlerischen Kreativität. Seit 2018 betreibt sie ihr eigenes Atelier für Food- und Still-Life-Fotografie in München. An diesem Buch arbeitete sie zusammen mit dem Foodstylisten Daniel Schwarz.

Die GU-Homepage finden Sie unter www.gu.de